In der Reihe «entwürfe» sind bisher folgende Titel erschienen:

entwürfe (01)

Peter Normann Waage: Islam und die moderne Welt

entwürfe (02)

Hendrik Vögler/Johannes Stüttgen/Wilfrid Jaensch: Dazwischen der Mensch

entwürfe (03)

André Bjerke: Das Ärgernis Rudolf Steiner

entwürfe (04)

Kai Ehlers: Russland: Aufbruch oder Umbruch?

entwürfe (05)

Friedrich Schiller: Was heißt und zu welchem Ende studiert man Universalgeschichte?

entwürfe (07)

Günter Kollert: Die Apokalypse des Denkens. Zur Krise des Intellekts

Die Reihe «entwürfe» ist eine Werkstatt, in der Skizzen entworfen, Denkanstöße gegeben, Fragen gestellt, Versuche gewagt und Debatten angeregt werden, rasch und beweglich, direkt und aktuell, vorläufig und vielleicht nicht immer ganz bis ins Letzte ausgefeilt.

Andreas Laudert

WÜRDE

Wie wir Menschlichkeit bewahren

entwürfe 06 PFORTE

1. Auflage 2005

www.pforteverlag.com

Buchgestaltung: Finken & Bumiller, Stuttgart
Satz: Verlag
Druck und Bindung: Druckhaus Nomos, Sinzheim

Printed in Germany
ISBN 3-85636-186-3

Inhalt

Es wurde ihnen die Wahl gestellt, Könige oder der Könige Kuriere zu werden. Nach Art der Kinder wollten alle Kuriere sein. Deshalb gibt es lauter Kuriere, sie jagen durch die Welt und rufen, da es keine Könige gibt, einander selbst die sinnlos gewordenen Meldungen zu. Gerne würden sie ihrem elenden Leben ein Ende machen, aber sie wagen es nicht wegen des Diensteides.

Franz Kafka, Zürauer Aphorismen

Der abstrakte Gedanke lässt uns kalt. Dasjenige, was uns der abstrakte Gedanke an moralischer Fähigkeit gibt, das macht uns im intensivsten Sinne warm, denn das stellt im höchsten Sinne unsere Menschenwürde dar.

Rudolf Steiner, Vortrag vom 30. Januar 1923

WAS IST WÜRDE HEUTE?

1

Ein Buch über Würde vorzulegen bedeutet, sich klarzumachen, dass man über Würde eigentlich nichts schreiben kann. Sie ist ein flüchtiges Thema und wahrscheinlich auch ein flüchtiges Wesen. Sie ist auf der Flucht vor uns Menschen, nach denen es sie gleichwohl verlangt, so wie es uns nach ihr verlangt. Sie wird gefordert, verleugnet, ersehnt. Man will sie nicht lassen. Vielleicht müssen wir sie neu erfinden. Um der eigenen Würde willen beschließt man, nicht zu resignieren und es trotzdem zu versuchen, zu ihr und von ihr zu sprechen, in Andeutungen, ringend wie mit einem Engel und in der kühnen Hoffnung, dass sie uns wie dieser am Ende segnet.

Wenn man über den Begriff Würde nachdenkt, macht man eine Entdeckung, die vielleicht schon einiges über sie aussagt. Man gerät von dem einen Lebensgebiet in das andere. Würde ist überall gegenwärtig und doch nicht zu greifen. Man kann sie nicht endgültig definieren und wenn man über sie schreibt, könnte man immer auch andere Titel wählen. Auch im Stichwortregister der Werke eines so universellen und auf das Praktische gerichteten Geistes wie Rudolf Steiner, der die verschiedensten Gebiete des modernen Lebens aus dem Ideellen heraus zu befruchten suchte, taucht sie nicht explizit auf, obwohl das Wort in Vorträgen oder Büchern natürlich gefallen ist.

Es gibt eigentlich keine Lehre, Theorie, Systematik der Würde. Das wäre ein Widerspruch in sich. Andererseits ist sie auch keine zuverlässige Erfahrung, dazu war sie immer und ist sie bis heute zu hart umkämpft. Aber von wem eigentlich? Wer kann sie dem anderen nehmen, sogar in ihrem eigenen Namen? Wer erleidet ihr Fehlen, wer erkennt es? Wer bürgt für ihr Dasein, wer kann Abhilfe schaffen und gewährt ihr Exil? Doch nur wir selbst. Jeder beruft sich auf sie, egal welcher Nation, Weltanschauung, egal welchem Glauben oder welchem Geschlecht er angehört. Was bleibt, ist ein unteilbares universelles (durchaus religiöses) Gefühl, eine Ahnung, ein Versprechen, das wir instinktiv in Gesetze gegossen haben.

Auf Werbeplakaten, in Politikerreden, auf Wohltätigkeitsgalas, in philosophischen Diskursen, in Predigten, im Feuilleton, im Sport: Viele berufen sich auf die Würde, aber meistens wählen wir dabei bloß das an ihr aus, was uns gerade dienlich ist. Die Würde erscheint als Erinnerung oder als Zukunft, als etwas Selbstverständliches, das zugleich nicht selbstverständlich ist und es niemals war. Sie erscheint als etwas zum Menschen Gehörendes, was gleichzeitig über ihn hinausweist und alle Kreatur meint, aber auch hinweist auf einen schöpferischen Akt, der uns Menschen einmal Würde verliehen hat.

Haben die Götter dadurch einen Teil *ihrer* Würde aufgegeben? Hat Würde mit der Freiheit der Götter zu tun? Oder besitzt die geistige Welt, wenn man eine solche für möglich hält, Würde im Übermaß, Würde als Wesenssubstanz? Besteht die Würde der Kreatur darin, sich der verliehenen Würde würdig zu erweisen – jeder für sich und doch alle gemeinsam? Das wäre ein Akt des Bewusstseins, des Willens, der eigenen

Biografie und damit dem Menschen vorbehalten. Ist er die Vermittlungsinstanz, die Brücke, welche die Beziehung herstellt zwischen unten und oben und die Würde von Stein, Pflanze und Tier ermöglicht, spiegelnd die Würde von Engeln, verkörpernd die Würde Gottes im eigenen Ich?

Der Begriff der Würde liegt in einem Zwischenbereich des Lebens, er ist Teil des Lebens selbst. Jeder versteht, was mit Würde gemeint ist, trotzdem ist sie oft nur eine Behauptung, ein Gerücht, eine Verheißung geblieben. Vielleicht kann man also nur indirekt über sie sprechen. Indem im Folgenden auf freie Weise gespiegelt wird – vielleicht wie der Mond die Sonne spiegelt –, wie sich die Würde aus einer höheren Perspektive, aus dem jeweiligen Blick von oben offenbart, mag in Umrissen erkennbar werden, was sie vom Wesen her ist. Obwohl dies die verschiedensten Lebensgebiete berührt, soll vermieden werden, über Selbstverständlichkeiten zu sprechen, wenn es sich auch in der Realität oft nicht um solche handelt. Ich werde beispielsweise nicht begründen, warum Folter eine Verletzung der Menschenwürde darstellt oder Umweltzerstörung eine Verletzung der Würde der Natur. Die Würde wird heute subtiler missachtet, im Alltäglichen: im Umgang mit sich selbst, in der Art, wie wir miteinander reden, uns zuhören, wie wir miteinander oder aneinander vorbeileben, im Umgang mit dem Wort, mit der Zeit, auch mit dem Geld und mit Gütern. Es soll keine erschöpfende Symptomatologie oder politische Handlungsanleitung vorgelegt werden. Ich möchte weniger von einem ethisch-juristischen Standpunkt aus argumentieren, sondern aus geistiger und künstlerischer Perspektive. Vielleicht kann sie zum Weiterdenken anregen. Pate stehen wird oftmals Franz Kafka, für dessen Biografie und Werk das Ringen um Würde exemplarisch ist.

Wenn dabei vieles sehr idealistisch und aphoristisch und auf die Zukunft hin formuliert erscheint, so liegt das in der Natur der Sache. Das Wesen der Würde ist überzeitlich – aber wie werden wir seiner in der Gegenwart gewahr, wie retten wir unsere Würde in zukünftige Zeiten hinüber? Ich möchte nach der Würde in ihrer Entwicklung und Dynamik fragen, nach einem Würde-Begriff der Zukunft oder, um eine Wortprägung Rudolf Steiners heranzuziehen, nach der Würde im gegenwärtigen Bewusstseinsseelen-Zeitalter. Dieses ist durch die Konfrontation mit dem Mysterium des Bösen geprägt. – In einem ersten Teil soll ein möglichst breit gestreuter, gleichsam flanierender Blick auf gesellschaftliche Zusammenhänge und Zeitsymptome versucht werden, während der zweite Teil zurückblickt, um die Gegenwart im Spiegel eines überzeitlichen Gleichnisses zu betrachten. Abschließend geht es um die Frage nach uns selbst, nach dem Sozialen, nach Künftigem – mit einem Ausblick auf die Anthroposophie, einer Bemerkung Rudolf Steiners folgend, wonach ein anthroposophisches Buch «ein Aufwecker des Geistlebens im Leser …, nicht eine Summe von Mitteilungen» sein sollte.

2

Es war der Job des Angestellten der Arbeiter-Unfall-Versicherungsanstalt des Königreichs Böhmen, Franz Kafka, die Arbeitsbedingungen in den böhmischen

Fabriken zu untersuchen und sich um den Schutz der mit den neuesten Maschinen arbeitenden Werktätigen zu kümmern. Was würde der Jurist und Schriftsteller Kafka heute sagen, wenn er, einmal angenommen, zum Menschenrechtsbeauftragten des Privatfernsehens ernannt würde und Reality-Shows zu begutachten hätte, wo sich mustergültige Bürger ebenso wie ausgemusterte, Publicity-bedürftige Prominente freiwillig in Dschungelcamps einsperren lassen, um dort lebende Insekten zu verzehren und sich beim Stuhlgang filmen zu lassen, oder wo Menschen vor laufender Kamera ihre Seelennot ausbreiten, um die Rückkehr ihres Lebenspartners bitten oder intime Moral-Konflikte austragen?

Die menschliche Note als Deckmantel der Quote? Auch die Wertediskussion wird nur des hohen Unterhaltungswertes wegen geführt. Was würde Kafka also sagen? «Warum nicht?» Was würde er unternehmen? Mit allen juristischen Tricks darlegen, dass solche Sendungen würdelos sind, und für ihre Absetzung plädieren? Sich für die Menschen einsetzen, die der gigantischen Maschinerie der Medien schutzlos ausgeliefert sind? Was sollte dies nützen? Ist der Fernseher etwas Böses? Jeder kann ihn abschalten. Und wissen nicht alle Beteiligten ganz genau, was sie tun? Wahrscheinlich würde es Franz Kafka vielmehr als ein Missverständnis, gar eine Farce, wenn nicht eine Selbstentwürdigung empfinden, als ein Menschenrechtsbeauftragter zu gelten – nicht nur, weil er sein Leben als unwürdig und die eigene Person als minderwertig empfand, sondern weil die eigentliche, sozusagen *alle* betreffende Entwürdigung in seinen Augen vielleicht darin bestünde, dass hier doch kein Einzelner, kein Spezialist einen Richtspruch fällen kann, wo alle Menschen Augen, Ohren und Zungen haben, zu sehen, zu hören und zu sprechen und ihre Stimme zu erheben. Das Fernsehen ermöglicht uns Einblicke, die wir sonst nicht hätten. Es kanalisiert – im Wortsinn – legitime Bedürfnisse, zum Beispiel nach Kontakt, die zwar auch *besser* befriedigt werden könnten. Aber zu diesem Besseren müssen wir erst erwachen.

«Bist du würdig?», fragt ein junger Mann von einem großen Werbeplakat herab, mit aggressiver Ironie, den ausgestreckten, drohenden Zeigefinger auf den Betrachter gerichtet. Es geht um einen Schokoriegel. Dieses inszenierte Lächerlichmachen und Erniedrigen des Menschen um eigener Missionen und Erfolgseffekte willen nimmt zu, ob es sich nun um das Fernsehen, um politisch-militärische Operationen handelt oder um den Siegeszug eines Markenproduktes. In der amerikanischen Regierungsphilosophie ist Demokratie der Schokoriegel, den der Westen dem Osten bringen will, streng fragend, wohlwollend prüfend, ob er dafür reif sei. Der Osten reagiert gereizt – so wie auch nicht jeder gleich gelassen auf den Reiz eines aggressiven Werbeplakats reagiert.

Wir sind würdebedürftig. Kriegsgefangene an Hundeleinen, Enthauptungen auf Video, die organisierte Betäubung vieler Schichten durch vorenthaltene Informationen und Güter, Lügen, Affären, Skandale und bewusste Täuschungen der Öffentlichkeit, ebenso die Erschütterung durch Sekten, durch sadomasochistisch-okkulte Riten und Praktiken, doch auch so etwas wie Doping im Sport ... Man hat das Gefühl, die Verletzung der Menschenwürde durch Lahmlegen der individuellen Urteilskraft wird zum Programm erhoben. Wo man nicht Opfer, sondern Täter ist, wird sie vor dem eigenen Gewissen doppelt verdrängt: die Entwürdigung beispielsweise bei einer Bestechung, einer bewussten Lüge oder Denunziation liegt nicht nur auf Seiten der Betroffenen, sondern auch auf Seiten der Initiatoren. «Hatte er das nötig?», fragt man sich dann hinter vorgehaltener Hand. Oder könnte ein schuldig Gewordener mit einem aufrichtigen und radikalen Bekenntnis seiner Schuld die eigene Würde wenigstens teilweise wiederherstellen – nicht mit einer phrasenhaften Entschuldigung, sondern einer *glaubwürdigen,* alle Muster sprengenden Tat, mit der man sein Leben ändert, auch mit dem Risiko des Verlustes äußerer Macht? Die deutsche Sprache kennt eine vielsagende Wendung für das Geständnis eines Fehlers, einer Schuld: «Ich kann nichts *dafür*», sagen wir, oder eben «Ja, ich *kann* etwas dafür». Die Sprache spielt auf ein Vermögen an, über das der Betreffende eigentlich verfügt hätte, es aber versäumte, davon Gebrauch zu machen, und stattdessen – *dafür* – eine Untat beging.

3

Die Soul-Sängerin Senait entgegnete einmal ihrem Vater, unter dem sie sehr gelitten hatte: «Du hast versucht, mir die Würde zu nehmen. Ich kaufe dir ein Haus am Meer.» Wie gehen wir mit Verletzungen um, mit Fehlern? Zeigt sich Würde heute besonders im Umgang mit Schuld? Es gibt Zeugnisse verzweifelter Vietnamkriegspiloten, die ihre Opfer Jahre später um Verzeihung bitten (und Opfer, die diesen Schritt zulassen, um der gemeinsamen Zukunft willen, in Anerkennung der Situation des anderen), Zeugnisse von Insassen nationalsozialistischer Konzentrationslager, welche mitansehen mussten, wie die eigenen Angehörigen getötet wurden und welche im selben Moment in einem Akt vollbewusster Freiheit beschlossen, nicht zu hassen, sondern sich für die Liebe entschieden. Es gibt Zeugnisse von Verbrechern, die für Momente aus ihrer Rolle des Bösen heraustraten und unter Gefährdung des eigenen Lebens ein anderes retteten. Sie blieben Verbrecher. Aber was bedeuten solche Taten für die Würde der Menschheit und der Welt? Was bedeuten sie «okkult»?

Es sind Akte heilsamer Geistesgegenwart, die sich im letzten Augenblick, noch im Angesicht des Todes ereignen und die Wirkungen entfalten können für dasjenige, was nach dem Tode kommen mag. Es sind Taten, die Zukunft vorbereiten, Zukunft schaffen. Die beiden mit Christus gekreuzigten Schächer sind hierfür ein Urbild: Der eine bleibt im Spott gefangen, der andere wacht am Wesen des Christus auf und bittet ihn, seiner zu gedenken. Christi Reaktion ist überwältigend und rätselvoll: «Wahrlich, ich sage dir, noch heute wirst du mit mir im Paradies sein.» Im Paradies? Wo ist das? Gibt es ein Leben nach dem Tod und auch ein Leben nach dem Leben nach dem Tod? Gibt es ein Verzeihen, das beide verändert, beiden die Würde lässt – Opfern wie Tätern?

Das hieße, es gibt eine geistige, eine schöpferische Dimension von Würde, die zunächst in der Anerkennung eigener Schuld, im Blick aus einer höheren Perspektive besteht. Das seelische Bedürfnis nach

Wiedergutmachung ist eine reale Kraft. Der schonungslose Blick auf mich selbst ist der Motor für die eigene Aktivität. Qualitativ ist der Wirklichkeitsgrad von Reue mindestens genauso hoch zu bewerten wie quantitativ alle niederdrückenden Gräueltaten der Welt. Wir können unterscheiden zwischen der kalten, unverbesserlichen Berechnung, dem radikal bösen wiederholten Kalkül, und einem Leiden am Bösesein, einem bewussten Schmerz angesichts der eigenen Unvollkommenheit, Schwäche und Verletzlichkeit: als ginge einem ein Licht auf, als fiele ein winziger Streifen Helligkeit auf die eigenen Schattenseiten.

In dieser Ohnmacht, an diesem Schmerz können höhere Wesen anknüpfen, in ihm kann ein Lichtwesen der Liebe – ob man es Christus nennt oder anders – erscheinen. Die zunehmende Häufigkeit von sich ähnelnden Nahtodeserfahrungen ist dafür ein Indiz, ob man nun von einem Wesen umfassender Vollmacht sprechen und deshalb diesen Vorgang spirituell-religiös interpretieren will oder ob man nur reine, spontane Liebe erlebt. Die Möglichkeit der Selbstdistanzierung bleibt eine Realität, ein explizit menschliches Vermögen, dessen moralische Dimension nur deshalb oft nicht gesehen wird, weil man gewohnt ist, in Kategorien bloßer ritueller Selbstreinigung und therapeutischer Selbstberuhigung zu denken. Man bewegt sich in Kategorien wie Beichte und Absolution, delegiert diesen Blick auf sich selbst an außenstehende Berater, Priester, Therapeuten, Psychoanalytiker oder Gurus.

Radikal und provokativ gesagt: Die allergrößte, die grundlegende Selbstentwürdigung des Menschen ist die Passivität. Dass wir auf diese unsere Freiheit des

Blicks verzichten, dass wir immer wieder zu Beratern gehen, dass wir an Visionen und Supervisionen, Gerichte und Gesetzgeber, an Doktorwürdenträger und Seelenklempner uns wenden – so kurzfristig erfolgreich und individuell richtig ein solcher Schritt in einer bestimmten Lebenssituation auch sein kann – statt an den Berater in uns selbst, an den Therapeuten, den Richter, den Spiegler in uns selbst. Denn darin, sich selber zu einem Außenstehenden zu machen – nicht, um den Kontakt zu sich zu verlieren, sondern um ihn täglich zu erneuern – liegt auch die allergrößte Erwürdigung: in der Eigenaktivität. Indem ich mich an einen zweiten Menschen in mir wende, entsteht er.

Dabei ist die Bereitschaft zur Selbstdistanzierung und überhaupt Selbsterkenntnis keineswegs das methodische Trockenbrot des Schulungsweges, das einem jede Freude und Spontaneität und Begeisterung nimmt. Ruhige Distanz in jeder Situation kann der Beginn eines großen Abenteuers, eines Lebensfestes sein. Dass Selbstdistanzierung in sich ein spektakuläres schöpferisches, Leben hervorbringendes Potenzial birgt, gerät aufgrund von Vorurteilen und Denkmustern meist aus dem Blick. Die Urerfahrung gerade des heranwachsenden, sich entwickelnden Menschen, vielleicht sogar die Urerfahrung alles Religiösen ist die Freiheit, ist der Enthusiasmus, der entsteht, wenn einem die eigenen Talente bewusst werden, wenn man an sich selber glauben lernt. Vielleicht müssen wir lernen, mit demselben Enthusiasmus und derselben Objektivität auch auf die Schattenseiten unserer Talente zu schauen, auf unsere Schwächen, nicht um daran zu zerbrechen, sondern um die Wirksamkeit unserer

Stärken zu steigern und Schritt für Schritt zu vervollkommnen.

Manchmal kann man den Eindruck gewinnen, dass die oft als Kälte missverstandene und als Pose belächelte Coolness Jugendlicher nur deren Ideal, nur der Begriff einer neuen Generation für Wahrhaftigkeit ist, für ruhige Distanz. Etwas oder jemand ist cool, wenn er stimmig ist, wenn er bei sich bleibt, wenn er nichts vorgibt zu sein und nicht vorgibt, was andere zu tun haben. Interessant ist der, der sich interessiert. Man begrüßt sich mit Handschlag, man schaut sich in die Augen, man schätzt, was einer tut, wenn er es nur ganz und gar tut: bewusst, provokativ, ohne Missionsdrang. Der Unauthentische, der sich Anbiedernde, der nicht wirklich am Einzelnen Interessierte wird keines Blickes gewürdigt, wird nicht als Helfer gesucht, wird wegen fehlenden Widerstandes nicht ernst genommen.

Die Bedeutung von Markennamen und der Code des Sich-Erkennens an Äußerlichem weist auf den Stellenwert der Schönheit hin. Vielleicht handelt es sich um zwei Seiten einer Medaille und vielleicht sind auch *diese* Zuschreibungen distanzlos und falsch, weil sie aus der Feder eines Menschen stammen, der der vorangegangenen Generation angehört. Wie schwer wiegt dagegen das Versäumnis einer um den Verlust der Werte klagenden Generation der 68er, die im gepflegten Feuilleton-Stil Schlagzeilen produziert wie: «Ein würdiger Preisträger für eine bessere Welt» (in einer deutschen Zeitung im Herbst 2003)? Wie empfinden junge Menschen das Porträt einer Persönlichkeit mit im Dozieren erhobenem Zeigefinger, als sei gerade dieser besonders aussagekräftig?

Diese Darstellungen, meist bei Interviews von Politikern, Philosophen, Intellektuellen, zu «moralischen Institutionen» oder dem «Gewissen der Nation» gewordenen Lichtgestalten des öffentlichen Lebens, erscheinen wie Metamorphosen alter Heiligengemälde, wie das Wiedergängertum des früheren Denkens in Hierarchien. Angesichts dessen dürften sich junge Menschen einsam in unserer Gesellschaft fühlen, mindestens gleichgültig, wenn nicht zornig müssen sie werden. Einsam und entwürdigt fühlen sich aber genauso alte Menschen, wenn sie nicht mehr mitkommen, wenn Teile der heute 18- bis 22-Jährigen sich von nichts mehr mitnehmen, nichts mehr berühren lassen (so scheint es), nicht von Kriegen, nicht von erworbenen Erfahrungen. Kann die gegenseitige Fremdheit überbrückt werden durch das probeweise Infragestellen der eigenen Selbstverständlichkeiten und Voraussetzungen, auch wenn es wehtut? Zu dieser Initiative, zu dieser Bewusstseinsleistung ist jeder Mensch befähigt und die Generationen verkörpern oftmals deren einzelne Phasen. Auch jede Generation hat ihre Würde.

4

Vielleicht sind die 1968 Geborenen, die beim Fall der Mauer, *dem* Ereignis des zu Ende gehenden 20. Jahrhunderts, auf der Schwelle der Ich-Werdung standen, aufgerufen, Übergänge zu organisieren. Sie *waren* der Übergang. Als das Jahrtausend überschritten wurde, näherten sie sich ihren 30er-Jahren. Vielleicht sind sie die «Brücken»-, die Vermittler-Generation zwischen einem überlieferten Gewissen, gegen das sie sich spät, aber deutlich zur Wehr setzten, und einem neuen, das aber noch nicht so recht da war. Sie wollen vermitteln zwischen einem Geist, der sich seiner selbst allzu gewiss war, selbst da, wo er über sich hinaus wollte, zwischen einem zum Mythos zurückstrebenden, aber den eigenen Mythos auch pflegenden, nicht kommunizierenden Geist, und einem noch nicht erschienenen, noch nicht wahrnehmbaren, suchenden. Hier die Seher-Attitüde, dort der offene Blick. Hier der grandiose, präzise Vor-Wurf, dort das flüchtige Entwerfen von Alltag, das Ein-Auge-Zudrücken, das Vergeben. Die Bereitschaft zum Interesse füreinander scheint indes immer wieder an Grenzen zu gelangen. Die Mittdreißiger werden vor Indiskretionen gewarnt, wenn sie die alten literarischen Würdenträger einmal aus der Reserve locken und ins Gespräch bitten wollen. Doch die Indiskretion der Alten, die sich in großen Wochenzeitungen gegenseitig zum sechzigsten Geburtstag gratulieren und Oden veröffentlichen inklusive Auszüge privater Briefe, könnte nicht größer sein. Was hat das zu bedeuten?

Jede Generation hat ihre Doppelmoral. Das wissen wir Jungen: Wir spüren eine Substanz der Vorangegangenen, die uns Ungestümen manchmal fehlt. Auf beiden Seiten herrscht eine aggressive Angst. Sie verhindert anzuerkennen, dass es Menschen gibt, die sich auch in der jeweils anderen Generation als Einzelne fühlen. Das mag daran liegen, dass jede Generation eine Art Primär-Würde besitzt. Sie rottet sich zusammen, sie hält zueinander, als eine Familie, die die gleichen Erfahrungen teilt – Schmerzen wie Hoffnungen. Jede Generation hat auch das Recht auf diese Abgrenzung, jede Generation hat ein Recht auf Arroganz. Aber es gibt eine zweite, noch zu schaffende Art von Würde: die des Interesses an allen Generationen vorher und nachher, die des Dialogs.

5

Die Würde ist manchmal wie ein großes Trotzdem, ein plötzliches Gerademachen des Rückens, ein Sich-wehren-Wollen (manchmal auch gegen sich selbst). Sie wird zu einem inneren Ruck, der durch einen geht. Sie verdankt sich einem schockartigen, für das eigene Wesen hellsichtig werdenden Erkennen. Ist es so den Menschen der Zeitenwende ergangen, welche die physische Wirklichkeit eines Gottes, des Menschensohnes, miterlebten? Christus erschien als der umfassende, große Erwürdiger aller Menschen, als der Heiler, dessen Hand, Blick und Wort die Menschen wie an etwas erinnerte, an ihre Zukunft. Der sie plötzlich aufrichtete, der sie an die Herkunft aus einem Paradies *er-innerte,* das nun zwischen ihnen, im Inneren, im Geist neu errichtet und wieder erlebbar werden sollte, wenn man diesem Geist, dem Geist der Menschheit, nur den Blick entgegenhob, wenn man bat, wenn man lauschte.

Gehen wir dieser Spur nach, die Lebenssubstanz des Evangeliums einbeziehend, so finden wir in deren Verlauf Beispiele dafür, dass Würde mit *Initiative* zusammenhängt. Die sich daran anschließende Frage ist, ob sich die Würde im Laufe der Menschheitsentwicklung dynamisiert hat. Wenn sie auf die Initiative der Menschen angewiesen ist, liegt die Vermutung nahe, dass sie wesenhaft gar nicht vorhanden, sondern dazu da ist, um errungen zu werden. Ein Paradoxon: Denn wenn sie zu etwas *da ist,* «ist» sie und braucht nicht mehr errungen zu werden. Muss unser Bewusstsein sie aus der Zukunft hereinholen? Werden wir sie auf Erden, so wie die Welt ist, werden wir sie in Gesetzen, in schönen Reden und Appellen und auch auf der Bühne gar nicht finden?

Das Grundgesetz der Bundesrepublik Deutschland beginnt mit dem Satz: Die Würde des Menschen ist unantastbar. Wir sprechen von Verbrechen gegen die Menschenwürde oder sagen: Das ist unter meiner Würde. Aber was meinen wir? Was ist Würde *heute:* etwas anderes als vor Jahren, Jahrzehnten, Jahrhunderten? Treten wir sie in der Gegenwart mit Füßen, weil sie gerade jetzt mit Händen zu greifen scheint? Wissen wir besser denn je, was sie ist, und wissen wir deshalb auch besser, wie sie zu verletzen ist, wenn es dem eigenen Kalkül nützt? Ist sie ein Zustand oder ein fortdauernder Prozess? Wer definiert sie?

Äußerlich scheint Würde noch immer leicht zu identifizieren, da sie sich mit verklausulierten Zeichen und Riten umgibt. Ist man bereits würdevoll, wenn man prunkvoll residiert oder gekleidet ist? Fällt das Repräsentative weg, ist der Mensch wieder auf sich selbst zurückgeworfen. Diktatoren wirken vom einen auf den anderen Moment vollkommen verändert, wenn sie sich nicht mehr in ihren Palästen oder Staatssicherheitsbunkern, sondern versteckt in Erdlöchern wiederfinden. Würde scheint etwas zu sein, das unabhängig von materiellen Bedingungen existiert. Sie gehört offenbar so untrennbar zum Menschen, dass die Väter des Grundgesetzes sie als unantastbare Eigenschaft des

Menschen festschrieben – offen lassend, ob es das *Ziel* unseres Handelns sein muss, die Würde des Menschen nicht anzutasten, oder ob sie per se unmöglich anzutasten ist. Kann es in Kriegen, die doch in sich bereits menschenverachtend sind, weil in ihrem Wesen der Mord liegt, noch extra Kriegsverbrechen geben? Ist unsere Würde nun antastbar oder nicht? – Das Antasten *Christi* freilich, seine Berührung, *heilte.*

Viele Menschen empfinden, überhaupt noch von Würde zu sprechen, angesichts des Unheils der Welt als unangemessen und weltfremd. Hat sie sich in den 30er-Jahren des 20. Jahrhunderts aus der Welt verabschiedet? Was meinen die Anfangsworte der erneuerten Messe der Kirche der Christengemeinschaft, wenn es heißt: Lasst uns diese «Menschenweihehandlung» würdig vollbringen, lasst sie uns wirklich zu einer Tat, einer Handlung, einer Initiative machen, lasst uns diese Stunde, ja unsere Lebens-Zeit so miteinander verbringen, dass die Würde wieder eine Realität wird in unserem alltäglichen Leben! Wie können wir das Leben würdig vollbringen und was ist heute überhaupt Leben?

Der Begriff der Würde wird sich in Zukunft grundlegend verändern. Ein würdevolles Leben wird im 21. Jahrhundert nur ein solches sein können, das sich von einem höheren Standpunkt aus betrachtet. Die Würde steht – mit uns – auf einer Schwelle: Sie ist gefährdet und zugleich als Sehnsucht der Menschen anwesend, als etwas, das wir brauchen wie Wasser und Brot, wie die Luft zum Atmen und ein Dach über dem Kopf. Wenden wir uns bei der Suche nach ihr einer Instanz in uns selber zu, dem reagierenden, immer lebendigen

Gewissen? Oder verlassen wir uns auf das Wissen einer toten Überlieferung oder neuzeitlicher Dogmen, etwa der Hirnforschung, die uns mitteilen, dass der Mensch weder ein Ich noch einen freien Willen habe oder dass deren Restbestände durch ethisch-pragmatisch begründete Manipulationen kontrolliert, wenn nicht eliminiert werden müssten?

«Wie die Tiere!», sagte ein Mann kopfschüttelnd in die Fernsehkamera des Regionalsenders, als das Kaufhaus Saturn («Geiz ist geil») nur für Rentner Staubsauger für einen Euro anbot und mit der Ladenöffnung eine – man kann es nicht anders bezeichnen – Horde alter Menschen, teils mit Krücken, einander wegdrängend, mit gierigem Blick in die Verkaufsräume stürmten. «Tja, wie die Tiere», sagte der Mann noch einmal entschuldigend und lächelte. Er hatte sein Schnäppchen schon in der Tasche. Die Tiere: Worin besteht deren Würde, worin besteht die Würde der Pflanzen und Bäume, die Würde der Steine? Worin besteht die Würde der Engel, die Würde Gottes (wenn es ihn gibt)? Wenn wir dagegen protestieren, dass Menschen in Gefängnissen oder im Krieg der Stolz gebrochen wird, dann ist es eigentlich so, dass wir unsere Würde *mit-verletzt* empfinden, dass es um unser aller Menschenwürde geht. Diese Evidenz ist der Motor für Solidarität. Ob unsere Würde tatsächlich restlos zerstört wird, entscheiden wir letztlich selbst: durch unsere Reaktion, unseren Umgang damit, durch die Distanz, mit der wir auf das uns Geschehene schauen, durch den Blick auf unsere Peiniger. Es gehören zwei dazu.

Faszinierend, dass es Menschen gibt, deren Stolz offenbar nicht wirklich gebrochen werden kann – nicht deshalb, weil sie in einem realitätsfernen Sinne erhaben wären, sondern weil das, was sie verkörperten, verkündeten oder taten, auf *sachlichen* und nicht auf persönlichen Motiven beruhte, weil die Kraft, Demütigungen auszuhalten, aus etwas Überpersönlichem kam. Nelson Mandela hat in den langen Jahren der Haft ein Leben geführt, das für einen anderen wohl kaum auszuhalten gewesen wäre. Objektiv ist ihm die Würde genommen worden, aber genauso objektiv scheint sie ihm gerade *nicht* genommen worden zu sein. Mit umso größerer innerer Autorität vermochte er nach seiner Freilassung politisch zu wirken. Er war kein Würdenträger, er wurde einer. Er ist ein anderer «Held» als Michail Gorbatschow, auch wenn man beide nicht vergleichen kann. Gorbatschow *war* als politischer Führer der Sowjetunion ein Würdenträger, während Mandela in Südafrika als Oppositioneller galt. Beide verhalfen ihren Staaten und damit der Welt zu emanzipatorischen Schüben, Mandela von unten, vielleicht von innen, aus einer äußeren Ohnmacht heraus, der geistige Macht innewohnte, und Gorbatschow von oben, aus einer Position äußeren Einflusses, die sich aber zunehmend als geistige Ohnmacht entpuppte.

Gorbatschows Größe erscheint vor allem dem Amt abgerungen, nicht dem eigenen Schicksal. Es ist merkwürdig, dass er nach Erledigung seiner historischen Aufgabe zunehmend an Autorität, Glanz und persönlicher Aura verlor. Was er seitdem unternahm, verpuffte, entfaltete keine Dynamik und entwürdigte ihn ein bisschen selbst. Darüber kann nicht hinwegtäuschen, dass er im Ausland aufgrund seiner vergangenen Verdienste gefeiert wird. Wohl hängt seine Rolle in der jüngeren Geschichte der Menschheit mit etwas Überpersönlichem zusammen, von dem er gespürt haben muss, dass seine Zeit gekommen war. Und doch lässt einen das Gefühl nicht los, dass er dabei nicht nur Akteur, sondern auch Getriebener war, während Menschen wie Mandela oder andere Identifikationsfiguren blieben, deren Integrität eher wächst. Wie eine Persönlichkeit mit dem Verlust äußerer Würde umgeht, lässt viel von ihrem Wesen erkennen.

6

Für uns Menschen liegt eine Chance darin, in der Konfrontation mit Demütigungen und Schikanen etwas zu erringen, was es vorher noch nicht gab und nicht geben konnte und was uns sicheren Schrittes in die Zukunft führen kann: ein neues, schöpferisches Verständnis von Würde, ein bewegliches, situationsbezogeneres, vielleicht auch ein wenig schizophrenes oder paradoxes. So ist Würde nicht mehr länger etwas, was man hat oder (vor sich her) trägt, auf das man ein Recht hätte und wovon man Rechte ableiten könnte, sondern etwas, das man *schafft* und (einander) *vermittelt*. Jedes Mal neu. Rudolf Steiner prägte für die zunehmende Individualisierung der in früheren Epochen im Gemüt viel stärker von Geboten abhängigen Menschheit den Begriff der Bewusstseinsseele. Steiner differenzierte die Seelenqualitäten des Menschen noch einmal in sich – gemäß ihrer Entwicklungsstufen, Möglichkeiten und Grenzen.

Ob man seine Seele durch die Erfahrungen des Lebens allmählich zu einer «bewussten Seele» umarbeitet oder in einem passiven Seelenzustand bleibt, ist demnach kein Automatismus, sondern ein Entschluss. Wenn ich diesen Entschluss fasse, ist meine Seele eine bewusste. Andernfalls ist das Spekulieren über seelische Differenzierungen sinnlos. Die Bewusstseinsseele steht aber auch kosmisch für das seit der Neuzeit wachsende Bewusstsein von «Menschheit» und von «Freiheit», wobei Bewusstsein etwas anderes ist als unser intellektueller, Theorien produzierender Verstand. Bewusstsein erklärt die Dinge nicht nur, es schafft sie auch im selben Moment. Sich etwas bewusst zu machen, ist eine Initiative, auf die ich auch verzichten könnte, es ist ein Freiheitsakt, bei dem ich meine Urteilskraft nicht nur auf die Erscheinungen der Sinneswelt anwende, sondern auch auf meine Gefühle, meine seelischen Affekte und zuletzt auch auf meine Gedanken und Pläne, auf meine Biografie. Sich die Gründe für das Entstehen von Zorn oder Traurigkeit bewusst vor Augen zu führen, verringert die Gefahr, die Kontrolle über sie zu verlieren. Unterlässt man dies, wird man verführbar für einseitige, über den Moment hinausgehende Interpretationen des eigenen Zustands. Plötzlich ist alles gegen einen gerichtet, ist alles schrecklich und ausweglos.

Diese würde- und freudlose Sicht auf sich selbst und das Leben war eine Grunderfahrung des Dichters, Juristen und Selbst-Analytikers Franz Kafka, gegen die er an- und in der er sich festschrieb. Doch nichts im Leben ist festgeschrieben. Bewusstmachungen verändern. Vielleicht nicht immer sofort, oft erst allmählich, bei der nächsten Gelegenheit, bei einer nächsten, manchmal auch erst der übernächsten Chance. Im Zuge der historischen Entwicklung von der von

Steiner so genannten Epoche der die Dinge zergliedernden, analytischen Verstandesseele zur die Dinge zusammenführenden Bewusstseinsseele wird sich unser Verständnis von Würde in Zukunft dem Zugriff der definierenden und festschreibenden Rechtssphäre entziehen und radikal eine Frage des individuellen Geisteslebens werden. Nur von ihm aus können in Zukunft unwürdige Zustände im Rechts- und Wirtschaftsleben charakterisiert werden. Somit können immer nur situationsbezogene Entscheidungen getroffen werden, und zwar derart, dass der Einzelne, selbst wenn er nur als Teil oder Rädchen eines großen Getriebes erscheint, die Erhaltung seiner Würde nicht mehr nach außen delegiert. Kafka schrieb damals erstaunt über die Arbeiter in den Fabriken: «Wie bescheiden diese Menschen sind. Sie kommen zu uns bitten. Statt die Anstalt zu stürmen und alles kurz und klein zu schlagen, kommen sie bitten.»

Die Alternativen lauten nicht: Einklagung meines Menschenrechts oder Revolution, sondern Reformierung meines inneren Menschen. Früher wurde dem Individuum die Würde von den Gemeinschaften verliehen, in denen es lebte: in Form von Schutz durch Gesetze, «Lebens-Versicherungen», in Form von Kulten und einer Führung von außen, die entschied, ob ein Mensch für eine Einweihung in die Mysterien würdig war. Doch die Würde selbst ist kein solches Mysterium mehr. Aus ihrem Selbstverständnis heraus war sie es nie. Sie ist das Mysterium schlechthin, weil sie existenziell mit dem Menschen zusammenhängt. Sie ist etwas Öffentliches. Die Zeit kommt, dass die Menschen auch danach leben wollen. Davon handelt auch das Mysterium der Bibel. Das Evangelium, eine angebliche Botschaft von Engeln – an welche freilich nicht alle modernen Menschen glauben, wenngleich immer mehr Seelen «Engel»-Erfahrungen machen –, dieses Evangelium *lebt*. Auch wenn wir es nicht geschrieben haben, kommen wir darin vor. Vielleicht lässt es uns deshalb nicht los, ebenso wenig wie die Sehnsucht nach Würde. Es wartet auf unsere Interpretation – nicht im Sinne einer akademischen Deutung, sondern als auf ein Ergreifen dieser Botschaft von Engeln in uns selbst, durch unsere *Bio-Grafie,* durch die heilige Schrift unseres Lebens. Wir sind nicht mehr nur erwürdigte Empfänger einer Botschaft, nicht einmal mehr nur erwürdigte Boten – wir sind eine Interpretation Gottes, erwürdigt, die Botschaft selber zu sein, Offenbarende eines kosmisch Gültigen in uns selbst, in unseren Lebensjahren.

In Kafkas kurzem Prosatext *Eine kaiserliche Botschaft* macht sich ein Bote mit dem «Zeichen der Sonne» auf der Brust auf den beschwerlichen Weg durch einen nicht enden wollenden Palast mit zahlreichen Mauern, schließlich durch eine Residenzstadt, «die Mitte der Welt», zu einem im Traum auf ihn Wartenden: «Dir, dem Einzelnen, dem jämmerlichen Untertanen, dem winzig vor der kaiserlichen Sonne in die fernste Ferne geflüchteten Schatten.» Der Kaiser, also ein Würdenträger, hat ihm die Botschaft auf dem Sterbebett eigens zugeflüstert. Ein dramatischer Lauf wird geschildert, ein verzweifeltes Vordringenwollen. Nur langsam macht man dem Boten Platz, obwohl er immer auf das Zeichen der Sonne deutet. Niemand fragt ihn etwas, niemand kommt ihm entgegen. Lautet der

Auftrag: «Du, Mensch, du dich selbst als jämmerlich und unwürdig empfindender Untertan, du musst mir entgegenkommen»? Es scheint, als habe das träumende Ich in seinem dumpfen Bewusstsein wahrgenommen, dass sich ihm, ausdrücklich dem «Einzelnen», ein Sonnenwesen, ein Wesen von umfassender Würde, nähert. Erhofft das Ich sich eine Berufung? Träumt es sich selbst als den Boten? Kafkas Text lässt es offen. Die frohe Botschaft erreicht den Wartenden nicht – «niemals kann es geschehen». Die Hindernisse, Mauern, Wachen der Welt – das Reich der Vorstellungen, der Gewohnheiten, der Diensteide – steht der Begegnung und der Selbsterwürdigung im Weg. «Niemand dringt hier durch und gar mit der Botschaft eines Toten.»

Persönlich würdevoll zu leben – nicht bloß äußerlich spektakulär oder erfolgreich – bedeutet, wirklich etwas für die Menschheit zu tun, mehr als wenn wir nach alttestamentlichem Vorbild Gemeinschaften bilden, um dem Einzelnen Würde zu geben und auf Berufungen und Botschaften warten. Eine Gemeinschaft ist heute, im Zeitalter des Individualismus und der Freiheit, immer nur ein Ergebnis, kein Ziel. Sie ist kein Selbstzweck, sondern ein erfreuliches Nebenprodukt, ähnlich dem Glück. Das Frohe der frohen Botschaft verheißt nicht Spaß, Geborgenheit und Seelenbäder ohne Ende, sondern den Anfang eines Nicht-mehr-abhängig-Seins von der räumlich-materiellen Gegenwart von Gemeinden, die mich tragen, von guter Stimmung und der Atmosphäre eines Unter-Gleichgesinnten-Seins, deren Störung oder Abbruch mich nur mit Kummer erfüllt, sobald ich wieder alleine bin, im Schatten, in den ich flüchte, in der bedrückenden Stille meines

Zimmers. Die wahre Gemeinschaft bleibt – so wie Christus bei den Jüngern blieb, als in deren Geist, als Auferstandener. Wir selbst entscheiden, ob wir reif sind für die Übernahme von Verantwortung, für die geistige Führung der Menschheit.

Es kann heute keine Würdenträger mehr geben, die uns Dinge ver- oder gebieten. Wir alle tragen als Einzelne die Verantwortung für uns selbst wie auch für das Ganze. In uns ist das Ganze. Wir tragen Verantwortung dafür, dass unser Zusammenleben wahrhaftig bleibt, weniger stimmungsvoll, sondern stimmig. Unsere Biografie, unser nacktes Dasein gibt uns heute Würde – sofern wir dieses Dasein würdig gestalten und leben.

7

Unser nacktes Dasein … Was ist mit Nacktheit eigentlich gemeint? Warum erfüllt es uns mit Scham, Menschen nackt zu sehen? Warum gilt es als entwürdigend? Die Journalistin Milena Jesenská sagte über ihren Freund Franz Kafka, er sei «ein Nackter unter Angekleideten» gewesen. Ein frühes Prosafragment von ihm heißt *Hochzeitsvorbereitungen auf dem Lande.* Hoch-Zeit halten. *Sich trauen.* Im Evangelien-Gleichnis von der königlichen Hochzeit wird ein unwürdig weil nicht mit einem Festgewand bekleideter Gast bitter bestraft. Aber hieß es nicht: «Sofern ihr nicht werdet wie die Kinder, werdet ihr nicht ins Himmelreich kommen»? Kinder sind nackte, unbeschriebene Blätter. Wenn wir geboren werden, sind wir ohne Kleidung, ohne sonderliche Würde, wir sind einfach nur da. Eines der ersten Dinge, die das Kind gewöhnlich tut, ist zu spielen. Im Spiel erobert es sich die Welt, verringert es die Distanz und Fremdheit, die es zu Beginn des Lebens gegenüber der Welt empfinden muss. Das Kind geht ganz im Spiel auf. Es ist noch nicht frei, auf sich selbst so zu blicken, als könne es auch etwas ganz anderes tun. Das Kind hat noch kein Bewusstsein von der eigenen Würde. Wenn es geschlagen wird, weint es; es versteht es nicht. Wenn Erwachsene spielen, so tun sie es bewusst, es ist Ausdruck ihrer Freiheit und eine Möglichkeit der zeitweiligen Distanz zur Wirklichkeit, die wiederum Wirklichkeit *schaffen* kann. Es ist Ausdruck der Fähigkeit, eine andere Perspektive einzunehmen. Spielen zu können ist ein Ausdruck der Würde des Menschen, eine Fähigkeit der Bewusstseinsseele.

«Besteht nicht Zivilisation im Kern darin, möglichst viele Ernstfälle in rituelle, spielerische Ersatzhandlungen zu überführen? Wir spielen das Religiöse durch in der Liturgie, aus Sexualität machen wir Erotik, aus Aggressionen machen wir Wettkämpfe, aus wirklichen Schlachten werden Redeschlachten ... Wenn wir noch besser lernen zu spielen ... dann werden wir auch humaner.» So aktualisiert Rüdiger Safranski in einem *Spiegel*-Interview Schillers *Ästhetische Briefe:* Der Mensch ist nur da ganz Mensch, wo er spielt. Der Begriff des Spiels begegnet uns heute allerdings oft verzerrt und banal. Man hat mitunter den Eindruck, als ginge die Gesellschaft wie ein großes Kind wieder ganz im Spiel auf, als sei das Spielen nicht Ausdruck einer gemeinsamen Erkenntnisbemühung, sondern bloß fehlenden Ernstes oder gar einer kollektiven Regression.

Immer mehr Menschen genießen es, den anderen die eigene Macht spüren zu lassen oder umgekehrt sich ihm gegenüber als ohnmächtig zu erleben. Es ist ein – im Kern durchaus kindliches – Spiel mit Unterwerfung und Überwältigung, und zu diesem gehört das probeweise Aufgeben oder Vergessen der eigenen Würde. Ist der Partner dazu da, dass ich mit ihm etwas ausprobiere, mich kennen lerne? Hat Schiller das gemeint, als er sagte, dass der Mensch ganz Mensch sei, wenn er spielt? Vielleicht muss sich die Liebe heute verirren, um neu bei sich anzukommen, um über sich hinaus zu gelangen. Es bringt nichts, auf solche Phänomene nur mit Betroffenheit oder Abscheu zu blicken. Dahinter verbergen sich wirkliche Menschen. Müssen wir heute teilweise durch Entwürdigungen hindurch, um zu einer neuen, unserer eigentlichen Würde zu gelangen? Entsteht sie bereits keimhaft gerade im Sich-Entwürdigen und Sich-Erniedrigen – nicht automatisch, aber als indirekte Aufforderung an uns? Wenn eine wesentliche Aufgabe und Möglichkeit unserer Zeit darin besteht, zu einer Selbsterkenntnis des Menschen zu gelangen, das heißt, den Trieben, Abgründen und Widersprüchen der eigenen Seele nicht länger bloß ausgeliefert zu sein, sondern sich mit der Distanz des Geistes – nicht wertend, sondern gestaltend – darüber zu erheben, bedeutet dies dann nicht, dass Würde heute in der *Bewusstseins*leistung eines Menschen zu suchen ist und nicht im nur seelischen *Bedürfnis* nach Würde (oder eben Erniedrigung)?

Es gibt Menschen in der Prostituiertenszene, die zwar aus der einen Perspektive betrachtet, *objektiv* – auch menschenkundlich objektiv – ihre Seele und ihren Leib für «Spiele» zur Verfügung stellen, welche das Wesensgliedergefüge, ihre ganze äußere und innere Konstitution mindestens zeitweise chaotisieren müssen. Nicht weniger objektiv stehen sie aber auch in völliger Freiheit und Bewusstheit dem eigenen So-Sein ohne moralische Verurteilung gegenüber. Ihr Geist hat sich entschieden, für die Dauer dieses einen Lebens auf der Erde all dies zunächst einmal einfach hinzunehmen, anzunehmen, durchzumachen – und dies vielleicht demütiger, menschlicher als viele andere, die sich aufgrund einer bloß abstrakten Ethik und Moral-Ideologie von allem Schmutz fern halten wollen, um sich «besser zu fühlen».

Auch hierfür gibt es Urbilder im Evangelium, etwa die Sekte der Essener oder – als Gegenentwurf – die Gestalt der Maria Magdalena: «Gehe und sündige fortan nicht mehr!», sagt Christus zu der Ehebrecherin, die sich ganz der Wollust des Fleisches hingegeben hatte. Aber manchmal wird man noch im selben Leben wie noch einmal geboren. Es gibt immer mehr Biografien, die allergrößte Widersprüche in sich vereinen, die zum Beispiel auf krasseste Weise authentisches spirituelles Streben und allergrößte Güte und Weisheit ebenso ausstrahlen wie die Gefährdung durch sexuelle Neigungen. Sie werden zahlreicher. Vielleicht müssen wir einander helfen, ohne moralische Verurteilung, dafür mit ruhigem Interesse diese extremen Spannungen und Widersprüche anzuschauen, wie Christus es vor den Pharisäern mit jener Frau tat: sie in unsere Mitte aufzunehmen, ihr Gesicht wahrend und ihre Würde schützend und zugleich die «Würde» der Wahrheit, den Sünden-Charakter der Tat nicht verleugnend. Die

Sünde hatte in Maria Magdalena ein Gesicht bekommen. Christus unterschied zwischen Tat und Täterin, Fleisch und Geist, Inkarnation und überzeitlichem Ich. Wenn wir diese Perspektive in der gegenseitigen Betrachtung einnehmen, können wir Schrecken und Erschütterungen vielleicht vermeiden helfen und wieder ganz – heil – werden lassen, was sich abgetrennt hatte, was seine Mitte verloren, was eine Seele in Stücke zerrissen hatte.

Die Einordnung eines Schicksals in höhere Zusammenhänge vermag Biografien eine Würde zu verleihen, die während des Daseins der Betreffenden völlig verborgen geblieben sein kann. Franz Kafka, der niemals ein hohes Amt bekleidete, hat nach eigener Einschätzung ein würdeloses Leben geführt: Sein Tagebuch ist voller Selbstanklagen, bei denen man das Gefühl hat, Kafka dachte, es wäre eigentlich mehr drin gewesen. Die Aspekte der Nacktheit und des Gekleidetseins kommen zur Untermauerung der Selbstanalyse häufig vor – auch gegenüber anderen. Den Anzug von Rudolf Steiner fand Kafka während ihrer einzigen Begegnung fleckig und staubig. Zur Jahreswende 1912 stellt Kafka grundsätzliche Überlegungen an über den Zusammenhang seiner, wie er findet, jämmerlichen Kleidung mit dem Denken. Er attestiert sich Versagen bei der Vorsorge für jegliche Zukunft: «Wie ich mich vor dem kleinsten gegenwärtigen Schritt fürchtete, hielt ich mich auch für unwürdig, bei meinem verächtlichen kindischen Auftreten ernstlich mit Verantwortung die große männliche Zukunft zu beurteilen.» Dann folgt die Phantasie eines Triumphzuges von sich als eines Helden und Mädchenretters: «... unberührt aber von diesem spielerischen Glauben, der sich wahrscheinlich nur von einer schon ungesunden Sexualität nährte, blieb die Überzeugung, dass ich ... die ... Welt durch die Offenbarung einer unerhörten Unfähigkeit mit einem Male überraschen werde ...»

Wenn wir Kafkas Tagebuch einmal als ein einziges großes Selbstgespräch betrachten, ein Gespräch mit dem eigenen höheren Selbst, das sich weder zeigt noch antwortet, aber das im Angesprochenwerden, im Zum-Zuhören-gedrängt-Werden entsteht, dann können wir ein Gefühl für seine Würde bekommen. All die Stunden in einem grauen Prager Büro, all die einsam durchschriebenen Nächte, die Spaziergänge durch Städte, das Herumliegen und über sich Nachgrübeln auf dem Kanapee, all die gescheiterten Liebesbeziehungen, die abgebrochenen Werke – wofür, warum? Und doch ist es dieser selbe Mensch, dessen Existenz uns Nachgeborene berührt und beschäftigt. Er musste so leben. Er wollte sich selbst verstehen lernen und dazu musste er durch dieses Kafka-Leben hindurch.

Es war ein *Kafka würdiges* Leben, ein ihm angemessenes, für ihn gutes, richtiges. Es gibt auch die Würde des Fragments, des Unvollkommenen. Denn dieses Leben führte ihn – auf eine für seinen Geist charakteristische, nämlich auf eine negative Weise – zu der Vorstellung von einem zukünftigen Leben hin, das auf ihn gewartet haben mochte. Mehrfach hat er es selber so gesehen: Was er zu schreiben habe, werde er erst schreiben, wenn er seine Freiheit erlangt habe, sagte er, schon sterbenskrank, zu Dora Diamant.

Kafka war in das Motiv der Würde verstrickt. Seine Werke schildern zuhauf demütigende Zustände, sich unwürdig Empfindende: Ungeziefer, Hinrichtungskandidaten, aus dem Paradies Gefallene, Schuldige, Verurteilte. Er hatte das deutliche Gefühl, sein Leben vertan zu haben, und er gab sich selber die Schuld daran. Vielen Menschen geht es heute ähnlich. Kafka nahm deshalb keine Drogen, er hatte seine Droge «Schreiben». Dass sein Antlitz auf dem Totenbett nach Zeugnissen von Zeitgenossen seine Würde nicht verloren, sondern erst entfaltet haben muss, steht dazu nicht im Widerspruch. Kafka hat – trotz aller bedrängender Gesichte – *sein* Gesicht gewahrt: Seine Würde lag darin, dass er sich seine Würdelosigkeit bewusst machte, dass er sich seinem inneren Doppelgänger stellte. Am Leben dieses kindlich und zugleich unnahbar wirkenden Menschen können wir das Dialektische, ja Paradoxe der Würde begreifen. Es scheint, als sei in Kafka der notwendige Entwicklungskampf der Würde im Bewusstseinsseelen-Zeitalter Person geworden.

Vielleicht wird man Kafka gar nicht gerecht, wenn man seine zahlreichen vernichtenden Selbstcharakterisierungen als Methode abtut, sondern wenn man sie ihm *abnimmt*. Glaubt. Es war sein Kreuz, das er trug. Das Rätsel seiner Seele, unter dem er so litt, bestand offenbar darin, dass er das «Böse» in sich nicht ändern, sondern nur feststellen konnte. Er war machtlos ihm gegenüber. Er wäre beim «Vorgeburts-Check nicht durchgekommen», wie es in einer Kinowerbung heißt. Rein naturwissenschaftlich orientierte Ethiker könnten sich demnach auf Kafka beziehen, da er in ihren Augen gezeigt habe, dass der Mensch böse sei, unverbesserlich, und dass er um seinet- und unseretwillen manipuliert und das Böse eingedämmt werden müsse. Oder war Kafka nicht bloß zu bequem, sich zu ändern?

Diese Bequemlichkeit freilich stellte Kafka eben auch wieder fest als ein Böses. Da entwürdigt sich ein Mensch auf zahlreichen Brief- und Tagebuchseiten, wirft sich wenig schmeichelhafte Züge vor wie Gefühlskälte, Verlogenheit, Feigheit, Neid, die ganze Palette, und meint es ernst. Doch wie viele Menschen halten einen solchen Blick in den Spiegel erst gar nicht aus, wie viele versuchen ihn zu vermeiden? Setzt heute das Klonen mit seinem Weltrettungsgestus nicht bei dieser menschlichen Schwäche an? *Schuf* hingegen Kafka nicht eine ganz neue und zwar seine persönliche Würde, nämlich die des Aushaltens von Widersprüchen?

Was er aushielt, war eine absolute, schreckliche Freiheit. Sie ließ ihn im Unklaren über seine Identität: Bin ich gut, bin ich würdig – oder nicht? Wer ist der Wahrere in mir – der Bequeme, Böse, oder der andere? Er lehnte alle «Schokoriegel» ab. Das mag Milena gemeint haben, als sie von Kafka als von einem Schutzlosen sprach, der zu keinem Kompromiss in seinem Selbst-Bild fähig war und der in seiner Seele die Hoffnung auf einen besseren Menschen in jedem trug. Und nur weil er merkte, wie weit entfernt er selbst und auch alle anderen – aber eben vor allem er, Kafka – davon noch war, litt er, der Perfektionist, so sehr darunter.

Dieser Schmerz war seine Größe. Von solcher Größe haben in Moraldingen rein utilitaristisch Denkende heute offenbar keine Ahnung mehr. Die Unzulänglichkeit des Menschen ist sein Motor zur Erlangung wahrer Freiheit, sie macht uns menschlich. Kafkas Würde bestand darin, dass er unter dem Unvollkommenen in sich selber litt, dass es ihn verzweifelt beschäftigte und brennend interessierte, dass es ihm nicht gleichgültig war. Er verbrannte und sah sich brennen. Kafka floh nicht in die Übermensch-Rhetorik Nietzsches. Viel eher stand Kafka auf der Seite Rudolf Steiners, der in einem Vortrag vom 25. Oktober 1918 einmal sagte:

Es wird «die schönste, bedeutendste» – vielleicht darf man ergänzen: menschenwürdigste – «soziale Errungenschaft für die Zukunftsentwickelung sein, wenn man gerade ein naturwissenschaftliches, objektives Interesse für Fehler anderer Menschen entwickelt, wenn einen die Fehler anderer Menschen viel mehr interessieren, als dass man versucht sie zu kritisieren. Denn nach und nach … wird sich der Mensch ganz besonders immer mehr und mehr mit den Fehlern des andern Menschen liebevoll zu befassen haben …»

Diese Worte gehen in eine ganz andere Richtung als konventionelle Gesichtspunkte oder als die Forderung nach einem Menschenrecht auf Würde. Sie zielen nicht auf ein Werturteil, sondern auf eine sachliche Gegenüberstellung. Ich glaube, dass Kafka, der nicht nur sich, sondern auch seine Mitmenschen oftmals quälend hellsichtig durchschaute und sich unter diesem auf ihn selbst gerichteten Röntgenblick wand, der Haltung Steiners, die zur Entwicklung der anthroposophischen Geisteswissenschaft führte, sehr nahe stand. Vielleicht ist es bezeichnend, dass gerade diese Haltung die freie Begegnung mit Rudolf Steiner 1911 wiederum verhindert hat. Kafka kam mit einer «vorbereiteten Ansprache». Er kam als ein Verkrampfter, unspontan, nicht wirklich offen und ehrlich. Er wollte eine Bestätigung des Eingeweihten, der Autorität «Dr. Steiner», ob er, Kafka, «fähig» und würdig sei, das selbstständige Leben zu führen, welches ihm vorschwebte und welches er aufgrund eines extremen Mangels an Selbstbewusstsein und Mut nicht verwirklichen konnte: nämlich der eigenen Gedanken, Bilder und Zukunftsahnungen so Herr zu werden, dass er ohne übertriebenen Ehrgeiz und ohne Angst Schritt für Schritt eine normale, unspektakuläre freie Schriftsteller-Existenz aufbauen und diese gründen könne auf einem gesunden, ihn gesund machenden Denken und einer schöpferischen Ungezwungenheit im Umgang mit der Welt und den Mitmenschen.

Dass Kafka nach diesem Denken und nach einer solchen Natürlichkeit hinstrebte, zeigen viele seiner Aphorismen, Tagebucheintragungen und Briefe und die Zeugnisse von Wegbegleitern. Was er in sich selber als negativ erlebte und als Negativum pflegte, hätte ihm, aufgegriffen als Positives, geholfen. Er hat sich selber fehlinterpretiert, nicht weitergedacht. Vielleicht gibt es in der Literaturgeschichte kein gigantischeres, konsequenteres, aber auch wertvolleres Missverständnis als das Werk Franz Kafkas, als die Vorstellung vom Künstlertum Kafkas. Viele bewunderten und bewundern ihn als Künstler, ja als dessen modernsten Inbegriff, als *den* Dichter des 20. Jahrhunderts, und er hat diese Deutung nahe gelegt, weil er ganz in das Schreiben verstrickt war. Doch in einer tieferen Schicht spricht sein Leben noch einmal eine ganz andere Sprache. Das Schreiben hätte ihm das Mittel sein können, sich einzubringen in die geistige Diskussion seiner Zeit. Doch statt eines tastenden *Mit* gab es bei Kafka ein schroffes *Stattdessen.* Die Kunst ersetzte die Ehe, der Künstler den Menschen – es entstand eine Kunstfigur, der eigentliche Doppelgänger Kafkas. Rudolf Steiner hat die Bestätigung dieser Pirouetten verweigert, nicht nur um die Würde des Wesens der Freiheit zu wahren, sondern auch die Würde der Individualität Franz Kafkas und deren Schicksalsaufgaben, zu denen Kafka zu einem späteren Zeitpunkt vielleicht hätte finden können.

Warum hat Rudolf Steiner auf die doch von ihm selber erbetene Zusendung von Manuskriptproben Kafkas niemals geantwortet? Wäre eine gütige, differenzierte Reaktion nicht viel charakteristischer für den oft so unermüdlich geduldigen Helfer, Rater und Lehrer Rudolf Steiner gewesen? Ging er nicht ein wenig würdelos mit Kafka um, dem Dichter, der doch gewiss auf eine Antwort gewartet hat? Vielleicht wurde Kafka von Steiner gar nicht als Künstler, als Dichter erkannt. Vielleicht wollte Steiner Kafka spiegeln, dass er etwas anderes sah. Die ästhetischen Gesetze, die Steiner anknüpfend an Goethe diskutierte, kümmerten Kafka erwiesenermaßen kaum. Es gibt keinerlei Poetik von ihm, kein künstlerisches Programm. Entweder war er beim Schreiben «inspiriert» oder nicht. Er schuf Fragmente. Gesichtspunkte wie Stoff, Form, Umwandlung der Materie, Durchscheinen der Idee des Übersinnlichen im Kunstwerk – mit diesen Kriterien kann man an Kafkas Werke kaum herangehen. Sie sind etwas viel zu Eigenes. Er war sich der Stoff, seine hermetische Welt, seine Biografie war die umzuwandelnde Materie. Sein Werk übermittelt nur die Botschaft von sich selbst. Es ist bezeichnend, dass die vielen Interpretationen, die nicht nur Kafkas Werk, sondern auch seine Biografie erfuhr, zu oftmals plausibleren Schlussfolgerungen führen als Kafkas eigene, naturgemäß trotz allem distanzlosen, in sich verstrickten Selbstcharakterisierungen. Stellvertretend sei die Studie Joachim Unselds erwähnt, die der Autor mit dem Hinweis auf Aussagen Kafkas, die auf Zukünftiges hinweisen und die damit Kafka selbst widerlegen, so beschließt:

«Er zog sich weiter in sein ‹Grenzland› zurück und formulierte für sich den Zustand eines Lebendig-Toten, des nur Beobachtenden; dies war seine Selbstrettung. Seine Hoffnungen aber deuteten hinaus aus diesem Land der Einsamkeit. Sein ‹Verlangen›, etwas zu schreiben, ‹das auch dem Verständnis und Gefühl eines jeden anderen zugänglich wäre›, deutete in die Richtung der Gemeinschaft. Doch … mehr und mehr wurde er durch die Wirklichkeit verunsichert und sah immer weniger die Möglichkeit, zwischen eigenem Ideal und dieser Wirklichkeit zu vermitteln; ‹vorstellbar wäre es mir aber›, schrieb Kafka 1918, ‹für eine von lebendiger Idee geordnete Welt, wo die Kunst den mir aus Erfahrung unbekannten Platz hätte, der ihr gebührt›.» – Man könnte ergänzen: den ihr und Kafka würdigen, angemessenen Platz, einen maßvollen und menschlichen, nicht mythischen oder magischen Ort und Rang.

8

Menschen wie Kafka Trost zu spenden, Gerechtigkeit widerfahren zu lassen oder Absolution zu erteilen ist nicht das Anliegen von Rudolf Steiners Anthroposophie gewesen, genauso wenig wie die Würde des Menschen zu begründen. «Eine von lebendiger Idee geordnete Welt» – das ist eigentlich dasjenige, was Anthroposophie ermöglichen will. Für sie ist der Mensch als solcher die Verkörperung einer umfassenden Würde. Diese Tatsache selbst, die Authentizität eines jeden Lebens ist heute das Heilige, welches jahrhundertelang in einem Inhalt, an den man glaubte, bestanden hatte. Es ist, als sei der Mensch in seiner ganzen Konstitution ein geronnenes Ergebnis einer selbstlosen Initiative höherer Wesenheiten, «das Ende der sichtbaren Wege Gottes», als seien in ihm fortwährend Kräfte und Stoffe wirksam, die ihn über sich selber hinausheben und zugleich menschlich machen.

Der Mensch erscheint als die verkörperte, stofflich gewordene Würde Christi, als sein Abbild, während der Menschensohn selbst unstofflich ist und deshalb überall und nirgends erscheinen kann. Christus ist frei. Die Würde des Menschen besteht gewissermaßen darin, dass er *nicht* frei ist, dass er aber noch werden, frei *werden* kann. Vielleicht ist Christus aber auch gerade *nicht* frei – weil er liebt. Wer liebt, wer sich bindet, opfert seine Freiheit für einen anderen auf (und steigert sie damit). Besaß Christus Würde oder ist er nicht vielmehr immer der Erwürdigende? Steht er nicht fern dieses Kriteriums, weil es viel zu klein wäre? Kann Christus in seiner Würde verletzt werden? War er ein Würdenträger? Das waren eher die Pharisäer und Hohepriester, die er herausforderte.

In der geistigen Welt gibt es keine Würde, weil dort alles Würde ist. Als Christus auf seinem dramatischen Leidensweg zur Vereinigung mit dem Wesen der Erde und der Menschheit gleichsam auf die okkulte Zielgerade einbog, als er sein Kreuz durch die Straßen trug, bis ein Mensch es ihm abnahm, als er die Dornenkrone auf dem Haupt trug und verspottet wurde, als er am Kreuz hing: Erst da erstrahlte seine Würde ganz, da sahen auch andere, wie der Hauptmann unter dem Kreuz, dieses große, erhabene Trotzdem, die negative, sich opfernde Selbst-Behauptung Gottes, der sagte: «Ich verzichtete auf meine Göttlichkeit, ihr seht sie in einem Menschen!»

Der Mensch hat Gott solches Menschsein voraus. Aus der göttlichen Freiheit heraus ließ Gott diesen Vorsprung zu, ja er schuf ihn. Der Mensch ist die übersetzte Würde der Engelhierarchien, die sich selbst nicht mehr verkörpern, und der Toten, die einmal verkörpert waren. Nicht Gott, sondern der Mensch ist *glaub-würdig*. Gott glaubt an den Menschen. Das Umgekehrte ist heute nicht mehr relevant; relevant ist, ob der Mensch diesen Glauben Gottes bemerkt und ihm entspricht. Die Würde des Menschen besteht in seiner Komplexität, in der Vielfalt aller Biografien. Diese Vielfalt findet sich bereits in unserem bloßen physischen Körperbau und den Organen. Sie findet sich auch in der sonstigen Natur: in der anorganischen Materie, in den Kristallen, dann in den Lebens- und Fortpflanzungsprozessen, schließlich in der Tierwelt und in der mitreißenden Macht der Triebe, Affekte und seelischen Erfahrungen, die wir Menschen auf Erden machen können. Noch viel komplexer ist unser Wille: die Fähigkeit unseres Geistes, Dinge zu erfinden, zu kreieren, die Fähigkeit zu lieben. Es gibt wohl nichts Komplexeres als die Liebe, als unser soziales Miteinander.

Wie ist all dies zustande gekommen? Dieser Würde

des Menschen als solchem entspricht die gedankliche Schlichtheit und Einfalt kaum, mit der diese Frage heute beantwortet wird. Die perspektivische Vielfalt, Flexibilität und Komplexität des Phänomens Mensch – und Komplexität eines Systems ist nur ein anderes Wort für die Freiheit eines Systems – wird preisgegeben zugunsten einer eindimensionalen, meist nur materialistisch-naturwissenschaftlichen Sicht. Dabei merken viele Forscher gar nicht, dass sie die Würde ihrer eigenen Zunft unterlaufen. Denn der Glanz der Naturwissenschaft besteht in ihrem Forschungsdrang, in der Unvoreingenommenheit ihrer Methode, mit der sie sich den Phänomenen dieser Erde widmet. Wo sie Schlussfolgerungen zieht, die die Würde der Seele des Menschen und die Würde des Geistes nahezu parodieren, zeigt sie nur, dass ihr ihre eigene Würde gleichgültig ist.

Eine wesentliche Eigenschaft, in der wir in dieser ersten assoziativen Standortbestimmung den Umriss einer zukünftigen, uns wieder *glaub-haften* Würde erkennen können, liegt also in der Urteilskraft, in der Fähigkeit, in Distanz zu sich selber und zu den eigenen Forschungs-, Lebens- und Denkbedingungen zu treten, in der Unabhängigkeit des eigenen Urteils. In einem Vortrag vom 10. Oktober 1916 spricht Rudolf Steiner über die Notwendigkeit, sich auch als Laie auf einem bestimmten Gebiet ein Urteil zuzutrauen, etwa gegenüber der Medizin oder anderen Fach- und Einzeldisziplinen. Denn was auch immer Spezialisten oder Menschenrechtsbeauftragte, Verfassungsgerichte oder Kommissionen entscheiden und herausfinden: Jeder Mensch ist für das, was ihn als Menschen angeht, eine

Autorität. Jeder ist für das Menschliche kompetent, jeder vermag zu beurteilen, was Gesinnungen *aus ihm machen,* was die Folgen wären eines bestimmten Menschenbildes.

Kein höheres Gericht, sondern konkrete irdische Menschen sprechen Urteile übereinander und erfahren die Folgen der eigenen Entscheidungen und der Entscheidungen der Mitmenschen. Wir sind uns Gericht und Erlösung. Wo gefoltert wird, wurde vorher entschieden. Wir leben miteinander gemäß dem Bild, das wir von uns als Menschen haben. Was als möglich gedacht wird, wird früher oder später realisiert. Bewahren wir in diesem Prozess die Würde, indem wir uns dieser Macht bewusst sind? Nutzen wir sie sinnvoll oder willkürlich? Nicht nur vor diesem Hintergrund ist Würde etwas in sich Soziales, den anderen Mit-Bedenkendes. Wenn ich jemandem helfe, der sich selbst nicht mehr helfen kann, gebe ich ihm seine Würde zurück und bezeuge zugleich meine eigene, die darin besteht, mich herabzulassen, wobei dieses Herablassen keine wirkliche Demütigung, sondern Ausdruck von Demut ist. Es gibt auch die Demut, sich helfen zu lassen: «Wer sich selbst erhöht, wird erniedrigt, wer sich selber erniedrigt, wird erhöht werden.»

Die schmerzhaften Geburtswehen eines frei errungenen Würde-Bewusstseins sind in der Gegenwart wahrzunehmen. Um sich als in Würde lebend erfahren zu können, werden sich die Menschen in den kommenden Jahrhunderten mehr und mehr als geistige, freie Wesen erkennen und anerkennen müssen. Die eigentliche Würde, sozusagen die *Würde der Würde* entsteht, wenn ich auf Versuche von Entwürdigung frei reagiere. Ihr Überleben in der Menschheit wird davon abhängen, wie der Einzelne sich zu ihr erhebt: in einem stufenweisen Prozess weg von der passiven Kritik an Zuständen und Bedingungen hin zum aktiven Gestalten dieser Bedingungen, hin zu einer Phantasie und «Technik», welche eine neue Form von Würde schaffen. Dies wäre eine Transformation weg von Würdenträgern hin zum Zum-Tragen-Kommen aller Menschen. Aus der Initiative aus Erkenntnis wird ein Sich-Erkennen in der Initiative.

Natürlich ist dies alles leichter gesagt als getan. Wir können nicht aus dem Elfenbeinturm wohlklingender Ideen den Entrechteten oder von Folter Bedrohten zurufen: «Es liegt nur an euch, den Stolz zu bewahren, denn es kommt darauf an, wie ihr innerlich mit eurer Lage umgeht!» Dass wir die Aufmerksamkeit vom Juristischen stärker zum Geistigen hinorientieren müssen, muss uns nicht zynisch machen. Die Berufung auf Menschenrechte und erst recht ihre Verteidigung wird nicht von heute auf morgen überflüssig. Es ist nur so, dass wir uns eines objektiven Dilemmas zunehmend bewusst werden: dass es einen «rechtsfreien Raum» gibt, wie Juristen dies nennen. Ein spektakuläres Beispiel war jüngst der Fall eines hessischen Polizeipräsidenten, der einem inhaftierten Kindesentführer Schmerzen androhte, wenn dieser nicht sage, wo sich sein Opfer aufhalte. Der Polizist wollte ein Menschenleben retten. «Seit dem 11. September und dem Fall Gäfgen» – so der Name des Verdächtigen – «scheint die Welt voller Situationen, die man nur falsch entscheiden kann: Man will festhalten an den Menschenrechten, aber man will auch nicht vor Verbrechen und

Terrorismus kapitulieren», bilanzierte damals der Berliner *Tagesspiegel* in einem «Was heißt hier Würde?» übertitelten Beitrag. Vielleicht müssen wir – wie Kafka – noch eine Weile in Gespaltenheiten leben und in unserem Alltag beides vereinigen: das Recht und die Freiheit, den Anwalt und Lebens-Versicherer in uns und den Lebens-Künstler. Würde muss, wie Gott, *kommuniziert* werden. Alle Brücken zu ihr sind gesprengt, wir müssen selber – wie in einem anderen Kafka-Text – Brücken werden.

Der Gedanke der Selbstdistanzierung als Voraussetzung eines Bewusstseins von Würde wird uns weiter begleiten. Die Vorstellung wiederholter Erdenleben und eines persönlich-überpersönlichen sogenannten Karma, beides wesentliche Bestandteile der Anthroposophie und im Kern Vorgänge schöpferischer Selbstdistanzierung, werden dabei mit anklingen. «Wenn auch keine Erlösung kommt, so will ich doch in jedem Augenblick ihrer würdig sein.» Dann kommt sie, möchte man Kafkas Aphorismus hinzufügen. Oder mit anderen Worten: Gott würdigen heißt, ihn anwenden.

«HERR, ICH BIN NICHT WÜRDIG, DASS DU IN MEIN HAUS EINGEHST» – INITIATIVE IM EVANGELIUM

1

Die Schwierigkeiten, die der moderne Mensch mit allem Religiösen hat, sind im Kern Schwierigkeiten mit der Autorität. Auch in Kafkas Leben und Werk ist ständig vom «Kampf» mit Autoritäten die Rede. Das heutige Ich möchte Herr im Hause sein und selbst bestimmen, wen es dort hinein- und wen es mitbestimmen lässt, wann und ob zum Beispiel die Abtreibung eines Kindes ein Verbrechen ist, was «Leben» bedeutet und was Sünde ist. Trotzdem sehnt man sich auch nach Orientierungen und ist irgendwie beeindruckt davon, dass es eine Institution wie die katholische Kirche gibt. Die von ihr vollzogene, angesichts des täglichen Sterbens anderer in keinem Verhältnis stehende Inszenierung des Todes des letzten Papstes griff das Bedürfnis vieler Menschen nach Vaterfiguren auf.

Es war eine seltsame Parallele der Ereignisse, dass in jenen Tagen mehrere Sterbeprozesse öffentlich verfolgt wurden. Während mit Papst Johannes Paul und dem Fürsten von Monaco hohe Würdenträger starben, die blutsverwandtschaftlich oder spirituell eng verbundene «Familien» zurückließen, war der Tod der amerikanischen Wachkoma-Patientin Terri Schiavo der eines Menschen, über dessen Willen und die richtige Interpretation von Leben die Eltern und der Ehemann sowie einzelne Gruppen bis zuletzt gestritten hatten. Nur die Einsamkeit der Frau stand für sich. Der sterbende Papst, so verkündeten seine Kardinäle vom Sterbelager, berühre bereits Christus. Das Schicksal Terri Schiavos berührte *uns,* berührte den Einzelnen. Wo, an wessen Bett mag jenes göttliche Wesen, das wir «Christus» nennen, gestanden haben? Da wo die Ohnmacht war oder dort, wo eine äußere Autorität sich als sein Stellvertreter und als Märtyrer präsentierte? Vielleicht an beiden Orten, aber mit verschiedenen Botschaften.

Was muss ich tun, um des ewigen Lebens teilhaftig und um seiner würdig zu werden? Mit dieser Frage, so berichtet das Lukas-Evangelium, kommt ein reicher Oberster des Volkes zu Jesus, dem «guten Meister». Dieser antwortet zunächst mit der Gegenfrage, warum er ihn als «gut» bezeichne, um daraufhin in Erfahrung zu bringen, wie der Oberste zu den Gesetzen steht. Er sei den Geboten von Jugend an gefolgt, antwortet dieser. Daraufhin gibt ihm Jesus zu verstehen, dass er all seine Habe, all seine Güter, ja auch Haus und Weib, Brüder, Eltern oder Kinder loslassen müsse, um «Zugang zum Reiche Gottes» zu erhalten. Der Mann ging daraufhin traurig davon.

In Kafkas Gleichnis *Vor dem Gesetz* fragt ein Mann vom Lande den vor dem Gesetz stehenden Türhüter, ob und wie er in das Gesetz hineingelangen könne. Auch hier entwickelt sich ein kurzes Gespräch. Die Autorität des Türhüters besteht eigentlich nur darin, die Freiheitsreife des Mannes zu prüfen: Kann er die Abhängigkeit von der Autorität überwinden? Würdig, einzutreten, wäre der Mann, wenn er es sich selbst zutraute, wenn er seine gewohnten Vorstellungen und Werte losließe und dasjenige, was hinter dem

Gesetz steht – nämlich die Freiheit – bereits vor dem Gesetz, als Gesetz annähme und «anwandte». Doch den Mann überfordert die Flexibilität und Radikalität, die von ihm erwartet wird: Der Eintritt ins Gesetz sei möglich, sagt der Türhüter, «jetzt aber nicht». Später, im Angesicht des Todes, erfährt der Mann, dass dieses «Jetzt» eigentlich «Jederzeit» bedeutet hat, denn der Eingang war für ihn bestimmt gewesen. Der Türhüter als Repräsentant der geistigen Welt oder geistiger Gesetzmäßigkeiten hatte lediglich konsequent und sofort das Verhalten des Mannes gespiegelt. Der Subtext hier lautet: «Wenn du so fragst» oder «indem du so fragst», ist der Eintritt «jetzt nicht möglich».

Auch in seiner Biografie delegierte Kafka das Urteil über seine Fähigkeiten und über seine Berufung oft an andere. Er erniedrigte sich, weil er seine Würde nicht fühlte. Jeder wurde ihm eine Autorität, auch Partnerinnen: «Du bist mein Menschengericht», schrieb er an seine Verlobte Felice Bauer. Der Widerspruch, dass er sich selber kennt, den anderen aber glaubt, zersäge ihm alles, klagte er einmal. Das Urteilen gegenüber Autoritäten – das Beurteilt*werden,* die Abhängigkeit von Bewertungen – fällt Kafkas Protagonisten schwer, denn sie bewerten selber die ganze Zeit. Sie fällen abstrakte Urteile über den Wert des Lebens der anderen oder über den Zweck einer bestimmten Tat. Das «geistige Band» zwischen der Menschenseele und der geistigen Welt, von dem Rudolf Steiner als von einer Urteilshilfe gegenüber Autoritäten sprach, scheint bei Kafkas Protagonisten zerrissen. Stattdessen arbeiten sie sich an der Autorität entweder in übertriebener Devotion oder in übertriebener Rebellion ab.

Viele Werke Kafkas beschreiben Situationen, in denen die Hauptfigur Menschen begegnet, die sich in einer bevorzugten Position befinden, und – indem sie nach deren Position strebt – von ihrer Gunst abhängt. Kafkas Protagonisten scheinen jedoch ihre Angewiesenheit innerlich nicht zu akzeptieren. So nehmen sie eine distanzierte Haltung den Menschen gegenüber ein, von denen sie sich doch angeblich Rat und Hilfe erhoffen. Deren menschliche Schwächen werden zugleich grell herausgestellt, um den Abstand zu ihnen kleiner werden zu lassen. Sie werden auf einen Thron gestellt, um sie zu gegebenem Anlass stürzen zu können. Doch wie soll jemand in der Not geholfen bekommen, wenn die Geste seines Bittens unterschwellig besagt: «Nun gut, ich brauche deine Hilfe, ich komme aber eigentlich alleine am besten klar; wie auch immer du mir also helfen willst, ich erkenne diese Hilfe nicht an, ich bin lediglich zu ihr verdammt; wenn du mich auch beeindruckst, bezweifle ich dennoch deine Autorität!»?

Kafka sei ein Mensch gewesen, schrieb Margarete Buber-Neumann, der nicht imstande war, «etwas zu tun, was verraten hätte, wie er wirklich sei ... Er war unendlich edel, doch verheimlichte er das, wie jemand ..., der sich schämt, Vorteile vor den anderen zu haben.» Nachdem es sich aufgrund seiner Beziehungen zu einer jiddischen Laienspieltruppe ergeben hatte, dass Kafka im jüdischen Rathaus in Prag einen Vortrag über jiddische Sprache und Jargon halten sollte – ein Ereignis, das sich nicht wiederholte –, notierte er am 25. Februar 1912 in sein Tagebuch: «... überirdisches Bewusstsein während meines Vortrages (Kälte gegen das Publikum, nur der Mangel an Übung hindert mich an der Freiheit der begeisterten Bewegung) ...»

Freiheit, Bewegung, Übung, *überirdisches Bewusstsein* – ist das der Kafka, den man aus seinen Zerknirschtheiten und Lebensängsten kennt? Warum freute ihn seine «Kälte gegen das Publikum»? Im selben Jahr gestand er Felice Bauer in einem Brief vom 4./5. Dezember anlässlich einer seiner wenigen öffentlichen Lesungen, dass er gerne kommandiere: «... in vorbereitete und aufmerksame Ohren der Zuhörer zu brüllen, tut dem armen Herzen so wohl. Ich habe sie aber auch tüchtig angebrüllt und die Musik die von den Neben sälen her mir die Mühe des Vorlesens abnehmen wollte, habe ich einfach fortgeblasen. Weißt du, Menschen kommandieren oder wenigstens an sein Kommando zu glauben – es gibt kein größeres Wohlbehagen für den Körper.»

Schon in der ersten Buchveröffentlichung *Betrachtung* tauchen Motive von Herrschaft auf, versteckt im metaphorischen Spiel «zwischen Publikum und Himmel», zwischen einem Unten und einem Oben: «Wer verlassen lebt und sich hie und da irgendwo anschließen möchte, wer mit Rücksicht auf die Veränderungen der Tageszeit, der Witterung, der Berufsverhältnisse und dergleichen ohne Weiteres irgendeinen beliebigen Arm sehen will, an dem er sich halten könnte, – der wird es ohne ein Gassenfenster nicht lange treiben. Und steht es mit ihm so, dass er gar nichts sucht und nur als müder Mann, die Augen auf und ab zwischen Publikum und Himmel, an seine Fensterbrüstung tritt, und er will nicht und hat ein wenig den Kopf zurückgeneigt, so reißen ihn doch unten die Pferde mit in ihr

Gefolge von Wagen und Lärm und damit endlich der menschlichen Eintracht zu.» (aus *Das Gassenfenster*).

Sucht diese Person nur ein Publikum für ihren Narzissmus oder sucht sie «menschliche Eintracht»? Erhofft sie sich Gemeinschaft nur oder erst im Himmel? Hatte sie sie im Himmel? Ist sie zur Unzeit auf die Erde geschickt worden? In folgendem rätselhaften Prosastück imaginiert Kafka einen «großen General», der hilflos und ohnmächtig wirkt, aber Macht zu haben scheint. Diese Macht scheint eine himmlische gewesen zu sein, mit welcher der General jedoch offenbar nichts anzufangen wusste.

«Feldarbeiter fanden, als sie abends nach Hause gingen, unten auf der Straßenböschung einen alten zusammengesunkenen Mann. Er duselte mit halb offenen Augen. Er machte zuerst den Eindruck eines schwer Betrunkenen, er war aber nicht betrunken. Auch krank schien er nicht zu sein, auch nicht von Hunger geschwächt, auch von Wunden nicht müde, wenigstens schüttelte er zu allen solchen Fragen den Kopf. ‹Wer bist du denn?›, fragte man ihn schließlich. ‹Ich bin ein großer General›, sagte er ohne aufzuschauen. ‹Ach so›, sagte man, ‹also das ist dein Leiden.› ‹Nein›, sagte er, ‹ich bin es wirklich.› ‹Natürlich›, sagte man, ‹wie solltest du es denn sonst sein.› ‹Lacht wie ihr es versteht›, sagte er, ‹ich werde euch nicht strafen.› ‹Aber wir lachen doch nicht›, sagte man, ‹sei was du willst, sei Obergeneral, wenn du willst.› ‹Bin ich auch›, sagte er, ‹ich bin Obergeneral.› ‹Nun siehst du, wie wir das erkannt haben. Aber das kümmert uns nicht, wir wollten dich nur darauf aufmerksam machen, dass es in der Nacht stark frieren wird und dass du deshalb von hier fortgehn sollst.› ‹Ich kann nicht fortgehn und ich wüsste auch nicht, wohin ich gehen sollte.› ‹Warum kannst du denn nicht gehen?› ‹Ich kann nicht gehen, ich weiß nicht warum. Wenn ich gehen könnte, wäre ich ja im gleichen Augenblick wieder General inmitten meines Heeres.› ‹Sie haben dich wohl hinausgeworfen?› ‹Einen General? Nein, ich bin heruntergefallen.› ‹Von wo denn?› ‹Vom Himmel.› ‹Von dort oben?› ‹Ja.› ‹Dort oben ist dein Heer?› ‹Nein. Aber ihr fragt zu viel. Geht fort und lasst mich.›» (aus *Fragmente aus Heften und losen Blättern)*.

Hier schreibt sich ein Mensch innerlich etwas zu, ein allgemeines Auserwähltsein, ein General-, ja *generelles* Sein, das er äußerlich in keinster Weise zur Erscheinung bringt. Der Mann «generalisiert», ohne zu konkretisieren. Er reagiert trotzig-rebellisch und zugleich resigniert auf die besorgt-interessierten, andererseits sachlich-gleichmütigen Fragen der Menschen. Wie in vielen Geschichten Kafkas macht eine Person die eigene Identität und Würde abhängig von der Reaktion und der Bestätigung der Welt – wenn diese ausbleibt, beruft er sich auf den Himmel, dessen Bestätigung er aber nicht mehr einholen kann, was in der Natur des Himmels liegt. – Der Mann ist «heruntergefallen». Die Menschen vermuten, er sei «hinausgeworfen» worden. Gegen diese Deutung verwahrt sich der Mann mit dem Hinweis, dass er doch General, gar Obergeneral sei. Oder wurde er aus dem Himmel – aus dem Paradies als einem Ort, wo jeder Mensch die eigene Bedeutung fraglos und wie unbewusst fühlt und hinnimmt – gerade deshalb hinausgeworfen, weil er lernen soll, sein Auserwähltsein auf der Erde zu erneuern? Doch dieses persönliche Auserwähltsein müsste dabei gleichsam «verschwinden», aufgehen in einem Erwürdigen und Erwürdigtsein aller Menschen – etwa auch Feldarbeitern –, «Generäle» zu werden: Mündige, für sich selbst und darin für die Menschheit Zuständige, Selbstbewusste. Diese Aufgabe nimmt der Mann in dem Fragment nicht an, ja er scheint sie dem Himmel übelzunehmen, er tritt den Fragenden gleichmütig entgegen, nicht das Gespräch suchend («lasst mich»), nicht helfend. Ihm selbst muss geholfen werden, damit er seine Mission begreifen kann, damit er erkennt, dass er helfen soll. Seine Lage ist demütigend. – Warum ist er so leichtsinnig, auch noch hochmütig zu werden?

2

In Kafkas Erzählung *Ein Landarzt* wird ein Arzt zu einem viele Kilometer entfernt liegenden kranken Knaben geschickt. Es ist Nacht, es liegt Schnee und es steht kein Pferd zur Verfügung. Plötzlich werden dem Arzt von einem dubiosen, das Dienstmädchen des Arztes mit Gewalt begehrenden Stallknecht «unirdische Pferde» übergeben. Der Arzt reitet los – und ist, kaum dass er das Hoftor passiert, am Bett des Kranken. Dort warten bereits viel Volk und die Familie des kranken Jungen. Die Lage scheint verworren. Der Arzt glaubt, dass der Knabe gar nicht krank ist. Dieser Umstand lässt ihn sogleich in eine Klage ausbrechen darüber, dass er ausgenutzt und sein Amt entwürdigt wird und dass er sich mal wieder unnötig auf den Weg gemacht hat. – Der Arzt offenbart sich als ziemlich hartherzige Natur. Dann aber bricht eine Wunde an der Seite des Jungen auf. Blut quillt heraus. Der Arzt wird entkleidet und zu dem Kranken ins Bett gelegt. Es findet ein Gespräch zwischen den beiden statt. Der Junge wird still, der Arzt meint sich retten zu müssen. Unter dem Gesang der Umstehenden – «Freut euch, ihr Patienten, der Arzt ist euch ins Bett gelegt» – der einen an «Freut euch, ihr Hirten, euch ist der Heiland geboren» erinnern kann – reitet der Arzt den Weg zurück – mit «irdischem Wagen», aber unirdischen Pferden. Der Rückweg scheint – tatsächlich oder im Bewusstsein des Arztes – ungleich länger als der Hinweg. Er scheint unendlich.

Nicht nur in den Werken Kafkas, auch in den Evangelien des Neuen Testaments spielt die Würde eine bedeutende Rolle. Als Altar-Wort bekannt geworden ist der Satz des römischen Hauptmanns von Kapernaum, der zu Jesus sagt: «Herr, ich bin nicht würdig, dass du in mein Haus eingehst!» Dort liegt sein Knabe krank darnieder und obwohl er ein Heide und Besatzer und damit ein Außenseiter war, ließ er nach Jesus schicken. Als Jesus sich seinem Hause nähert, schickt der Hauptmann ihm plötzlich erneut Boten entgegen, die ihn bitten, doch nicht zu kommen, denn der Hauptmann wisse, «ein Wort» von Jesus genüge und der Knabe würde gesund. Jesus – so heißt es – staunte.

Die meisten christologischen Deutungen des Verhaltens des Hauptmanns gehen dahin, dass er vorbildhaft handle, weil er die eigene Unwürdigkeit erkannt habe und sein Vertrauen so groß gewesen sei. Man kann die Geschichte auch einmal ganz anders anschauen. Dann wird man eines Rätsels gewahr, das sich hier auf einer psychologischen Ebene abspielt, aber vielleicht auf ein tieferes Mysterium hindeutet – und zwar das Rätsel der Entfernung und der Distanz, das Mysterium des Weges, den einer zur Heilwerdung auf sich nimmt, das Mysterium der Initiative – einer Initiative des Bewusstseins, des Wesens der Würde selbst, das sich in dem Hauptmann keimhaft entfaltet.

Bevor wir näher darauf eingehen, müssen wir uns die Geschichte vom Hauptmann von Kapernaum genauer ansehen. Es gibt eine andere Evangelienstelle, die von einer ähnlichen Begebenheit berichtet, die Heilung des Sohnes eines königlichen Beamten. Sie findet sich nur bei Johannes. Es gibt die Ansicht, dass es sich bei diesem Beamten und dem römischen Hauptmann um dieselbe Person handelt, deren Geschichte nur aus einer anderen Perspektive erzählt wird. Diese verschiedenen Perspektiven interessieren uns. Denn auch bei Johannes begegnen wir dem Rätsel der Entfernung und der Distanz, wir begegnen Boten und Botschaften, nur auf eine ganz entgegengesetzte Weise.

Die Geschichte der Heilung des Sohnes eines königlichen Beamten ist die Geschichte einer Fernheilung. Bei Lukas (und Matthäus) wird von der Heilung des Knaben oder Dieners des Hauptmanns von Kapernaum erzählt: Immer sind es Geschichten von Vätern oder Vaterfiguren. In der Forschung vertritt man unterschiedliche Einschätzungen der Frage, ob es sich um dasselbe Geschehen handelt. Johannes scheint eine andere Gestalt als Matthäus und Lukas im Sinn gehabt zu haben. Allerdings geht es immer um die Heilung eines Knaben (Dieners, Burschen, Kindes). Außerdem wohnt der Vater in allen Versionen in Kapernaum. Bei Johannes und auch bei Matthäus ist der Vater Jesus persönlich begegnet, bei Lukas nicht. Bei Johannes

– allerdings nicht bei Matthäus – hat er einen Weg zurückgelegt, er war sich nicht zu schade dafür, zu Jesus hinzugehen. Bei Lukas ist er davor zurückgeschreckt. Auffällig bei Johannes und Lukas ist der Einsatz von Boten, welche hin- und hereilend vermitteln müssen. Bei Johannes kommen sie dem Vater von der Zukunft, von der Heilung her entgegen – von dessen Haus –, um von der zwischenzeitlich erfolgten Genesung zu berichten. Der lukanische Hauptmann sendet von seinem Haus aus Boten *zu* Jesus. In allen Fällen geschieht das Entscheidende auf dem *Weg,* über die Distanz. Der Vater oder Vorgesetzte erscheint bei allen als der eigentlich Kranke. Seine Autorität und Macht ist das eigentliche Problem.

Der Hauptmann von Kapernaum (Lukas 7,1–10)

Als er diese Rede, die auch das Volk mit anhörte, vollendet hatte, ging er nach Kapernaum. Dort lag der Diener eines Hauptmanns darnieder und war dem Tode nahe; und er war ein Vertrauter des Hauptmanns. Als dieser nun von Jesus hörte, sandte er die Ältesten der Juden zu ihm und ließ ihn bitten, er möchte kommen, um seinem Diener das Leben zu retten. Sie kamen zu Jesus und baten ihn inständig mit den Worten: Er ist deines Beistandes würdig, denn er liebt unser Volk, und die Synagoge hat er uns erbaut. Und Jesus machte sich mit ihnen auf den Weg. Und als sie schon nahe bei dem Hause des Hauptmanns waren, sandte ihm dieser seine Freunde entgegen und ließ ihm sagen: Herr, bemühe dich nicht; ich bin nicht würdig, dass du in mein Haus eintrittst, darum habe ich auch nicht gewagt, selber zu dir zu kommen. Sprich nur ein Wort, so muss mein Knabe gesund werden. Ich bin auch ein Mensch, der höheren Gewalten untersteht, und ich wiederum habe Soldaten unter mir, und wenn ich zu dem einen spreche: geh, so geht er, und zu dem anderen: komm, so kommt er; und wenn ich zu meinem Diener sage: tue dies, so tut er's. Als Jesus das hörte, erstaunte er, wandte sich zu der ihm nachfolgenden Menge und sprach: Ich sage euch, nirgends in Israel habe ich eine solche Kraft des Vertrauens gefunden. Und als die Abgesandten wieder in das Haus kamen, fanden sie den Diener genesen. (Übersetzung von Emil Bock).

Die Freunde des Hauptmanns dringen mit einer vorbereiteten und überdies ziemlich langen Ansprache auf Jesus ein. Im Evangelium gibt es nur wenige Fälle, wo ein Einzelner ungefragt derart lange und sachlich ein persönliches Anliegen gegenüber Jesus vorbringt – wenn auch nur indirekt, über Vermittler. In den meisten Fällen stellen die Jünger eine punktuelle Nachfrage oder fordern Jesus auf, etwas genauer zu erläutern, oder sie äußern ein Bekenntnis, eine Sorge oder Kritik, oder Kranke bitten und Intellektuelle stellen Jesus Fangfragen. Die sachliche Freiheit, mit welcher der Hauptmann, im Guten wie im Schlechten, sich selbst charakterisiert, scheint Jesus offenbar überrascht und beeindruckt zu haben. Der Mann entwürdigt sich ziemlich würdevoll. Obwohl er sich seiner Autorität bewusst ist, lässt er die höhere Vollmacht Christi in seinem Leben zu. – Hören wir nun Johannes:

Die Heilung des Sohnes eines königlichen Beamten (Johannes 4,46–54):

Und er kam wieder nach Kana in Galiläa, wo er das Wasser in Wein verwandelt hatte. Dort war ein königlicher Beamter, dessen Sohn in Kapernaum krank lag. Als er hörte, dass Jesus von Judäa nach Galiläa gekommen sei, ging er zu ihm und bat ihn, hinabzukommen und seinen Sohn, der bereits im Sterben lag, zu heilen. Jesus erwiderte ihm: Wenn ihr keine Zeichen und Wundertaten seht, so habt ihr kein Vertrauen. Da sprach der königliche Beamte zu ihm: Herr, komm herab, ehe mein Kind stirbt! Da sprach Jesus: Gehe hin, dein Sohn lebt! Und der Mensch vertraute auf das Wort, das Jesus zu ihm sprach, und ging hin. Als er unterwegs war, kamen ihm seine Diener mit der Botschaft entgegen, sein Knabe sei wieder am Leben. Als er sie nach der Stunde fragte, da die Wendung eingetreten sei, antworteten sie ihm: Gestern um die siebte Stunde verließ ihn das Fieber. Da erkannte der Vater, dass es dieselbe Stunde war, in der Jesus zu ihm sprach: Dein Sohn lebt. Und er fühlte sich ganz von der Kraft des Glaubens erfüllt, er selbst und sein ganzes Haus. Auch diese zweite Zeichentat vollbrachte Jesus, als er von Judäa nach Galiläa kam.

Der Inhalt des vorletzten Verses fehlt bei dem Heilungsgeschehen bei Lukas. Heißt dies, dass der Hauptmann sich nicht ganz – sondern nur halb – von der Kraft des Glaubens erfüllt fühlte, die Heilung gar irrtümlich auf seine eigene Macht zurückführte? Bei Johannes fragt der Mann nach, er forscht nach der Stunde, weil er einen Zusammenhang der beiden räumlich getrennten Ereignisse ahnt. Er bemüht sich um Erkenntnis, deutet die *Begegnung*. Der lukanische Hauptmann indes scheint sich zufrieden zu geben damit, dass seine Anfrage erfolgreich war. Er fühlt sich bestätigt und mehr als Bestätigung mag er nicht gesucht haben. Er wagte es nicht, persönlich zu erscheinen, und ist sich über die Widersprüchlichkeit seines Verhaltens im Klaren. Er meidet die Begegnung, er bleibt in der Reflexion bei *sich*. Er schickt, wie Boten seines Minderwertigkeitskomplexes und zugleich eines konkreten Eigeninteresses – er brauchte seinen gesunden Diener – die Ältesten der Juden vor, die für den Hauptmann werben und versichern, er sei des Beistandes Jesu würdig. Sie biedern sich durchaus auch ein wenig an, ja setzen Jesus indirekt unter Druck. Vielleicht befürchten sie, die Gunst des Hauptmanns zu verlieren? Lukas baut in seinen Bericht des Hauptmanns Worte wahrlich wie eine vorbereitete Ansprache ein. Danach wird nichts mehr über den Hauptmann gesagt: nicht dass er dankte, nicht dass er sich freute. Die Genesung des Dieners wird nur über die Abgesandten kommentiert.

Beide Begebenheiten sind im Kern Storys aus dem Hause Kafka – Geschichten von Vater und Sohn. Bei Johannes reagiert Jesus auf die Bitte des Vaters zunächst verhalten und prüfend. Auch wird von einem (physisch oder im Bewusstsein) zurückgelegten Weg berichtet, den der Vater auf sich nimmt. Hier scheint der Mensch kein Zauderer, sondern ein Mann der Tat, der spontan die weite Strecke von Kapernaum nach Kana reitet, um Jesus seine Bitte vorzutragen und die Heilsbotschaft, das Wort, persönlich zu nehmen, beim Wort – und dadurch auch sich selber, vielleicht die Verhärtungen eines Beamten zu heilen. Der lukanische Vater spricht zu seinen Untergebenen vornehmlich in Imperativen. Bestürzend naiv wirkt zunächst sein Gedanke, dass er ja nur des Imperativs Jesu, der noch «höheren Gewalt», bedarf, um seinen Willen erfüllt zu bekommen. Dieser Mensch ist von der Kraft des Willens überzeugt und zugleich komplexbesessen: trotz dieser Macht – oder gar wegen ihr? – nicht würdig zu sein.

Die sehr menschliche Zerrissenheit des Mannes, das fast absurde Hin-und-Her, Zögern und Sich-Spiegeln, Werben, Schmeicheln, Bitten und Botenschicken erinnert den Kafka-Leser an gleichnishafte Situationen sowohl in Kafkas Biografie als auch in seinen Werken, etwa an den Schwellencharakter der Begegnung des Mannes und des Türhüters in der Parabel *Vor dem Gesetz* oder an die Situation des Landvermessers K. und dessen Interaktionen mit den Schlossbehörden: K. möchte zu einem gewissen Klamm, deren offenbar oberstem, in K.'s Fall eingeweihtem Würdenträger. Von Klamm erhofft er sich Absolution, doch er bekommt ihn nie zu Gesicht. Man hat auf ein Wortspiel im Namen Klamm aufmerksam gemacht. Es steckt der Landvermesser darin – K. – und das Lamm, die Unschuld, das «Lamm Gottes». Hingedeutet wird also auf ein Zusammendenken des eigentlich voneinander Entfernten. K. erwartet ein Würde-Abgeben des Würdenträgers und Würde-Erhalten des aus der Gemeinschaft ausgeschlossenen weil ihrer noch nicht würdigen Außenseiters. Die innere Verbindung des Strebenden mit dem Bevollmächtigten, des Menschen mit dem Gott, des Sohnes mit dem Vater bedeutet Macht. Es ist eine namentliche, eine *initiierte* Verbindung, im Namen des Vaters und des Sohnes, im *Wort* – im Wort «Klamm». Die Bestätigung der Aufnahme des Landvermessers K. in die Gemeinschaft des unter der Herrschaft des Schlosses stehenden Dorfes wurde deshalb bislang aufgeschoben, weil sie sich im Bewusstsein K.'s vollziehen muss. Das Schloss – die geistige Welt – reagiert nur auf die Initiative des Menschen. Sie spiegelt ihm das Bild, das er von sich selber hat: Fühlt er sich der Freiheit unwürdig, ist er es. Ergreift er die Freiheit, lässt die geistige Welt ihn nicht allein.

Wann bin ich würdig für Gott? Wann bin ich würdig, in das «Gesetz» meines Wesens einzutreten? Im Lebens- und Denk-Gehalt des Evangeliums erscheint die Spannung in Kafkas Existenz auf der symbolischen, ideellen Ebene gelöst. Doch jeder Mensch muss die Heilung von der Sündenkrankheit, die in der Spaltung von Ich und Umkreis besteht, im Bewusstsein nachvollziehen, damit sie bei ihm ankommt. Es geht praktisch um eine Integration der Substanz des Evangeliums in die eigene Biografie. Und das dauert. Denn wo endet unsere Biografie, wo beginnt sie? Um von der individuellen Macht zur kosmischen Vollmacht, um vom deterministischen Seinsgesetz zur freien Selbstentwicklung zu kommen, das «Werde!» zu hören, das uns vom leeren Altar aus zugesprochen wird, und um von der gestifteten Autorität und Würde, die man genießt, weil man sie hat, gegen die man sich auflehnt, weil man sie nicht hat, zur jedes Mal neu und gemeinsam zu schaffenden zu gelangen, benötigen wir entweder «unirdische Pferde» – wie der überforderte Landarzt in Kafkas Erzählung – oder mehrere Inkarnationen. Ziel ist die allmähliche Einswerdung dessen, was Schiller unseren idealischen und unseren irdischen Menschen nennt. Um diesen, wie es am Ende vom *Landarzt* heißt, irdischen Wagen mit unirdischen Pferden geht es. Ist jener parzivalsche Landarzt der immer noch unterwegs seiende Kopfmensch aus Kapernaum?

Für Kafka ereignete sich die Überwindung der faustischen Trennung von Erkenntnis und Sein im *Wort,* im Schreiben, das für ihn einzig würdevoller Sinn und Zweck seines Lebens war und wo er unter jedem Kompromiss und jeder Unvollkommenheit litt. Umfassend inspiriert, als «geistiger Mittelpunkt Prags» fühlte sich Kafka manchmal. Aber wenn diese ekstatischen Momente allerhöchster Konzentration vorüber waren, sackte alles Selbst- und Weltvertrauen in sich zusammen. Wir können unser Niveau oft nicht halten, werden immer wieder von Selbstzweifeln kalt erwischt. Während Lukas diese psychologische, mehr menschliche und «exoterische» Perspektive einnimmt, schildert das esoterische Evangelium des Johannes das Urbild. In höchster innerer und äußerer Aktivität denkend, fühlend und wollend verbindet sich der johanneische Vater mit dem Wort Christi. «Sprich nur ein Wort, dann wird mein Knabe gesund», ahnt auch der Vater im Lukas-Evangelium. Aber es nimmt ihn zu sehr mit. Bei Johannes nimmt der Vater das Wort mit.

Im *Landarzt*-Band, den Kafka seinem Vater widmete, taucht das Motiv des Reitens in ein fern liegendes Dorf, um Hilfe zu holen, in zwei weiteren Texten auf: in *Der Kübelreiter* (ursprünglich erschienen 1921 in der Weihnachtsbeilage der *Prager Presse)* und in *Das nächste Dorf.* Die Geschichte vom inständig, aber vergeblich um Kohle bittenden Kübelreiter – er nennt sich so, weil er sich denkt: «Meine Auffahrt schon muss es entscheiden; ich reite deshalb auf dem Kübel hin» – beginnt mit einem eindrucksvollen Bild großer Not: «Verbraucht alle Kohle; leer der Kübel; sinnlos die Schaufel; Kälte atmend der Ofen; das Zimmer vollgeblasen von Frost; vor dem Fenster Bäume starr im Reif; der Himmel, ein silberner Schild gegen den, der von ihm Hilfe will. Ich muss Kohle haben; ich darf doch nicht erfrieren; hinter mir der erbarmungslose Ofen, vor mir der Himmel ebenso; infolgedessen muss ich scharf zwischendurchreiten und in der Mitte beim Kohlenhändler Hilfe suchen. Gegen meine gewöhnlichen Bitten aber ist er schon abgestumpft; ich muss ihm ganz genau nachweisen, dass ich kein einziges Kohlenstäubchen mehr habe und dass er daher für mich geradezu die Sonne am Firmament bedeutet. Ich muss kommen wie der Bettler, der röchelnd vor Hunger an der Türschwelle verenden will ... ebenso muss mir der Händler, wütend, aber unter dem Strahl des Gebotes ‹Du sollst nicht töten!› eine Schaufel voll in den Kübel schleudern ...»

Wir begegnen dem Himmel, von dem man Hilfe holen will, der Mitte, wo sie zu liegen scheint – also auf dem Weg –, der Sonne sowie einer Autorität, von der man abhängig ist: dem Kohlenhändler, der offenbar so skeptisch ist, dass der Mann ihm seine Hilfsbedürftigkeit «ganz genau nachweisen» muss. So beschied auch Christus dem eilig zu ihm gerittenen Vater aus Kapernaum zunächst: «Wenn ihr nicht Zeichen und Wunder seht, glaubt ihr nicht.» Erst als der Vater, davon nicht abgeschreckt, eindringlich seine Bitte erneuert, geht Christus auf ihn ein und gibt ihm «Kohle», sagt das heilende Wort, welches der Mann dann mit sich nimmt auf den Rückweg nach Kapernaum. Hören wir den Kübelreiter:

«‹Frau Kohlenhändlerin›» – die helfende Macht ist also in sich polar oder androgyn – «‹... ergebenen Gruß; nur eine Schaufel Kohle ... ich führe sie selbst nach Hause; eine Schaufel von der Schlechtesten. Ich bezahle sie natürlich voll, aber nicht gleich, nicht gleich.› Was für ein Glockenklang sind die zwei Worte ‹nicht gleich› und wie sinnverwirrend mischen sie sich mit dem Abendläuten, das eben vom nahen Kirchturm zu hören ist.»

Ergebenheit, also rituell festgelegte, zur Gewohnheit gewordene Unwürdigkeit, der nahe Kirchturm sind die Motive. Nur um eine Schaufel Kohle wird gebeten: Nur um ein Wort? Was wird hier verhandelt? Die Rückzahlung erfolgt «nicht gleich». Wann erfolgt sie?

Der johanneische Vater *erforschte* die Umstände der Heilung seines Sohnes. Seine Erkenntnisarbeit ist eine nachträgliche, eine reflexive. Er macht sich ein seelisches Erlebnis bewusst. Die individuelle Reflexion «zahlt zurück», was sie aus Gnade empfing. Der Vater erkennt in der Gleichzeitigkeit von «Gespräch mit dem

Christus» und «Genesung des Kindes» den Erkenntnis-Schlüssel, den er in jenem Moment selber angewandt hatte.

Die zweite Bewusstseinsleistung liegt zeitlich später. Christus gab ihm einen Schlüssel in die Hand, er benutzte ihn. Irgendwo auf dem Weg – in der Mitte zwischen Kana und Kapernaum – füllte sich der «Kübel». Der Gegenstand der Erkenntnis und das Organ der Erkenntnis sind eines. Im Augenblick der Selbsterwürdigung im Geist, im Bewusstsein, kommt dem Menschen eine dem Christus qualitativ absolut gleichrangige Würde und Vollmacht zu. Das ist die eigentliche spirituelle Provokation Gottes und es ist auch eine soziale. Denn was sich hier ereignet, ereignet sich völlig unabhängig von gesellschaftlichem Rang oder beruflicher Relation, unabhängig von familiärer Hierarchie, unabhängig vom Geschlecht, vom Volk oder der Religion der Beteiligten und auch unabhängig von den Kategorien von Raum und Zeit oder den physischen Gesetzen und der Krankheit des Leibes. Es geschieht im Namen nicht nur des Vaters und des Sohnes, sondern des heiligen Geistes.

«Mein Großvater pflegte zu sagen: ‹Das Leben ist erstaunlich kurz. Jetzt in der Erinnerung drängt es sich mir so zusammen, dass ich zum Beispiel kaum begreife, wie ein junger Mensch sich entschließen kann ins nächste Dorf zu reiten, ohne zu fürchten, dass – von unglücklichen Zufällen ganz abgesehen – schon die Zeit des gewöhnlichen, glücklich ablaufenden Lebens für einen solchen Ritt bei weitem nicht hinreicht.›»

In dieser anderen Erzählung wird der kognitive Vorgang auf die Biografie als solche ausgedehnt. Mein gesamtes Leben hindurch muss ich zu erkennen, zu deuten versuchen, was mir geschieht, um mein Ziel zu erreichen und die Bestimmung meines Daseins zu erfüllen. Die Erkenntnis selbst ist dabei jenes Ziel. «Leben» schrumpft zusammen auf «Bewusstsein», um aus diesem Keimzustand heraus ein neues, ein neugeborenes zu werden. Wenn ein Leben – oder *das* Leben – dafür nicht ausreicht, muss es eine Reflexion, ein nachträgliches Schauen auf dieses Leben *nach* dem Leben geben. Wir erleben das Glück der Wiedererlangung unserer ursprünglich paradiesischen Menschen-Würde, wenn wir diesen Blick bereits während unseres irdischen Lebens einnehmen. Dadurch bauen wir – sind wir – eine Brücke zum Geist und lassen die im Zeitalter der Vereinzelung «normale» Entfernung von Mensch zu Mensch, von Dorf zu Dorf, zusammenschrumpfen, entlarven wir sie als Maja, als eine Illusion.

3

Es kann sein, dass es in Zukunft immer mehr darauf ankommen wird, welche Motive und Gedanken ein Mensch hat, wenn er etwas tut oder unterlässt. Wir verletzen oder entwürdigen einander in unserem *Denken,* weniger auf der Gefühlsebene. Es ist nicht gleichgültig, was ich heimlich oder «in Wahrheit» über einen anderen denke. Es wird in irgendeiner Form offenbar werden. Eine *Vorstellung* wird gesehen, denn dazu ist sie da. Beim *Fernsehen* spielen wir Zustände durch, denen wir uns nähern. Es legitimiert sich durch sich selbst. Durch hektische Aktivität – ständige Folgen, ständige Ankündigungen von neuen Folgen – verdunkelt es die Tatsache unserer Passivität.

Dies soll hier nur als Beispiel gelten für sich vielfältig äußernde Bestrebungen und Machinationen einer noch nicht deutlich erschienenen geistigen Macht, die unsere Eigeninitiative lahm legen will und seit einigen Jahren gewissermaßen lauter Versuchsballons startet. Für diese Autorität sind wir zum Beispiel allenfalls würdig, zu konsumieren, aber nicht, etwas hervorzubringen. Für sie sollen wir uns allenfalls alles Mögliche ein-, aber nicht unser eigenes Wesen ausbilden. Für diese geistige Wesenheit sind die Evangelien totes Material, nicht lebendige Gedanken. Was bedeutet es, etwas zu sehen? Nicht bloß Bilder, sondern Gedanken? Was bedeutet es, Hellseher zu sein? Zaubern oder Ereignisse voraussagen oder programmieren zu können? Indem unser Denken die Folgen von Gedanken «sieht» in der *Logik,* Motive von Menschen fühlt in der *Begegnung* und konkret eingreifen kann in die physische Realität mit Ideen, die es hervorbringt und die, wenn ihre Zeit reif ist, sofort sozial *wirken,* ist unser Denken der wahre Fern- oder Hellseher, der wahre Durchschauer und Aufheller in uns.

Das Denken unterhält uns, macht uns lebendig. Es ist ganz selbstständig, es ist ständig es selbst, es durchschaut auch *sich.* In Zukunft wird der andere meine Gedanken fühlen, atmosphärisch präzise «festmachen», hellsichtig erblicken. Widerstreitende, ja paradoxe Empfindungen zu haben – etwa nicht recht zu wissen, was man von einem anderen Menschen halten soll –, ist keine Verfehlung und kein Verhängnis. Es ist ehrlicher und würdevoller, ein widersprüchliches Gefühl zuzugeben oder eine aus niederen Beweggründen wie Neid, Verletztheit oder Egoismus vollbrachte

Tat zu gestehen – *wenn* man sie denn vor dem eigenen Gewissen gesteht –, als aus vordergründigen, gut gemeinten Motiven oder um einer äußeren Harmonie willen Fassaden aufzubauen. Die Forderung der Bewusstseinsseele ist nicht moralische Vollkommenheit, sondern bedingungslose Wahrhaftigkeit. Dazu will sie individuell ermutigen und sozial befähigen. Die Sprache der Würde im Bewusstseinsseelenzeitalter ist die absolut gelassene Sachlichkeit. Ein Bild für eine solche Sprache sind die Vorgänge im Evangelium in ihrer überzeitlichen Wirkung und biografischen Relevanz für jeden Menschen, in welcher geschichtlichen Epoche er auch lebt.

Deshalb besteht die Größe jenes römischen Hauptmanns – man muss eigentlich sagen «seine Modernität» – gerade in seiner produktiven Unruhe, in seinem Zweifel und in dem Bedürfnis, die eigenen Fähigkeiten mit den Fähigkeiten Jesu indirekt in Beziehung zu setzen, was Jesus ja auch als Anmaßung hätte empfinden können. Die Größe des Hauptmanns besteht weniger im Eingeständnis seiner Unwürdigkeit und Sündhaftigkeit oder in einem «blinden« Vertrauen. Eine solche Interpretation entspringt oftmals dem Wunschdenken und der Projektion einer Theologie, die sich trotz aller Erkenntnisbemühung nicht ganz traut, den Ballast der Tradition des moralischen Appellierens und des geistigen Harmoniebedürfnisses konsequent abzuwerfen. Dadurch entwürdigt sie sich und den eigenen Auftrag nicht weniger als die Naturwissenschaft den ihren. Beide gehen in ihren Deutungen über ihre Kompetenzen hinaus und werden von einem wachsenden Anteil der Menschheit nicht mehr als hilfreich wahrgenommen, sondern als verhärtet, dogmatisch, arrogant, elitär und pastoral-beflissen, ohne jede Distanz zu den eigenen Voraussetzungen. Stattdessen wird einfach ein Entwicklungsschritt übersprungen und wir sollen uns in einem Paradies wiederfinden, an das wir ja schon wieder bloß glauben können, an das wir *glauben müssen,* das uns mächtig beeindruckt und uns ganz gewiss so geschickt zu verführen versuchen wird, dass wir für übersinnliche Erkenntnis halten, was Täuschung und Selbstspiegelung sein wird.

Was uns vor dieser Gefahr bewahrt, ist Distanz zu unserem Ehrgeiz, Distanz zu unserem Ewigkeitsverlangen. Es müsste uns darum gehen, diesem immer zum Sieg zu verhelfen, was zu einer bestimmten Zeit, was also *heute* weiterführend ist. Gott selbst ermutigt uns, keine Angst vor unseren Widersprüchen zu haben, vor den Verleugnungen sogar seines eigenen Wesens, vor unseren Abirrungen und Schwächen. Gott kann all dies tragen. Er ist zu dritt. Doch vor dem Opfer kommt die Bewusstmachung, kommt das Durchleben der Epoche des Egoismus, damit wir wirklich selbstbewusst und mit einem voll entwickelten Ich dasjenige in Zukunft empfangen und ausbilden können, was die Anthroposophie als Geistselbst bezeichnet. Keine Kommunion ohne Wandlung, keine Wandlung ohne Opfer, kein Opfer ohne Freiheit.

Wir sind keine Initiierten mehr, sondern dürfen initiativ sein. Nötig ist eine andere «Anwendung» unserer Autorität – sie ist ja Ausdruck einer auch schöpferischen Vollmacht des Selbst. Nur geht es eben nicht um die Macht über andere, sondern um die Macht über uns selbst und dass wir uns «im Griff» haben, uns begreifen, mit Distanz betrachten können. Vielleicht staunte Jesus deshalb über den römischen Hauptmann, weil er nicht damit rechnen konnte, dass er bereit dafür war. Die Würde dieses Menschen bestand in der Authentizität, mit der er vor Christus seine Zerrissenheit lebte. Er kam ihm als der entgegen, der er war – was zugleich bedeutete, dass ein Teil von ihm noch nicht «mitkam». Seine Ohnmacht – sie war keine moralische vor Jesus, sondern eine vor sich selbst – gab dem Wesen des Christus die Möglichkeit, initiativ zu werden, weil der Mensch der Initiativkraft des Logos, des göttlich-menschlichen Wortes, in seinem tiefsten Inneren vertraute.

LIEBST DU MICH? – VON DER WÜRDE IN MENSCHLICHEN BEZIEHUNGEN

1

In immer mehr Supermarkt-Filialen sagen Kassiererinnen inzwischen jedem einzelnen Kunden «Guten Morgen» und würdigen den an die Reihe Kommenden mit einem kurzen, freundlichen Aufblicken. Zwar wirkt dies nach einer Weile mechanisch, sodass es fast der Situation angemessener und würdevoller wäre, darauf zu verzichten oder es spontan zu handhaben. Aber es gibt in der Gesellschaft inzwischen ein wachsendes Gespür für die Würde des anderen und für Begegnung allgemein, es gibt ein Bemühen. Man kann den Eindruck haben, als wollten wir unsere Begegnungen endlich besser gestalten. Nur stellen wir uns teilweise noch ungeschickt dabei an, weil wir keine Ideen haben. Oft schlägt das Gutgemeinte in sein Gegenteil um. Dann gründen wir Flirt-Agenturen, eine ganze Flirt-Industrie.

Alles im Leben kann man gut oder weniger gut machen, schön oder unschön, künstlerisch-phantasievoll oder unkünstlerisch. Selbstverständlich gibt es Kriterien für ein anregendes «Flirten» ebenso wie für einfallsloses, für ein nicht nur den anderen Menschen, sondern auch das Wesen des Flirts entwürdigendes «Flirten». Zieht man vom Begriff das Oberflächlich-Vordergründige und das Vulgäre einmal ab, so ist es einfach ein gängiges, modernes Wort für ein erstes Knüpfen von Beziehungen, für Kontaktaufnahme, für das Wahrnehmen unserer Mitmenschen. Es muss dabei nicht immer um im engeren Sinne erotischen Kontakt gehen. Ich kann als junger Mensch, als Passant mit einem alten Menschen flirten, der aus dem Fenster seines Altenheims blickt, ich kann ihm damit eine Freude machen. Ich kann mit einer Katze flirten, sogar mit einem Gedanken. Ich kann mit einer Idee kokettieren oder liebäugeln.

Der Flirt lebt davon, dass man in diesem Stadium noch keine Verantwortung übernehmen muss. Er ist gestaltete, herrliche Absichts- und Verantwortungslosigkeit. Er lebt von der Andeutung. Sobald der andere spürt, dass man ihn nur aufgrund bestimmter Motive und Zwecke angesprochen oder angeschaut hat, ist die Würde der Begegnung eigentlich verletzt. Es sei denn, es gibt ein unausgesprochenes Einverständnis zwischen den Beteiligten: «Wir tun so, als wollten wir nichts, aber ich weiß, was du suchst, und du weißt, was ich suche.»

Auch ein solches Nur-so-tun-als-täte-man-nur-So gehört zum Flirt. Man holt sich, was man braucht – zum Beispiel Befriedigung körperlicher Lust. Wenn dies das Ziel ist, geht es beim Flirt nicht um ihn selbst, sondern um seine Überwindung. Dann ist er nur Mittel zum Zweck. Pathetisch gesagt: Im wahren Flirt legt man einen Keim für die Zukunft. Im Flirt darf ich nichts wollen – außer den anderen Menschen eines Blickes würdigen. Wenn ich mehr will, wird aus dem Spiel Ernst, aus der Leichtigkeit Schwere, aus der Unverbindlichkeit Verantwortung. Man kann mit der Wahrheit flirten, mit Weltanschauungen, mit Büchern, mit dem Heiraten. Aber wenn man sich dazu entschließt, miteinander zu leben, so bedeutet dies, dass man nicht mehr nur für sich selber, sondern auch für einen konkreten anderen Menschen mitverantwortlich ist. Nicht in dem Sinne, dass man nun den Rest der Welt vergessen könnte, auch nicht, dass man diesem anderen jegliche Entscheidungen und die Verantwortung für sich selbst abnähme. Es bedeutet, dass man ein Gebilde geschaffen hat, das als Beziehung, Partnerschaft, Freundschaft, Ehe, aber auch als ein rein geistiges Verhältnis, etwa bei der Verbundenheit zwischen einem Lebenden und einem Toten, aus sich heraus einen Anspruch auf Würde besitzt und einen Anspruch auf Würde anmeldet.

Dieses Gebilde entfaltet nach einer Weile seine eigenen Gesetzmäßigkeiten, es ist etwas Lebendiges, Wirksames. Wenn hier etwas nicht stimmt, wird man sich auch selbst, als Einzelner, bald unwohl fühlen, wie in jedem anderen unwürdigen Zustand. Deshalb können Ehen sowohl zu Gefängnissen werden als auch zu beglückenden Erfahrungen der Freiheit. Oft stehen Menschen vor der Frage, ob man sich nicht trennen muss, weil das gemeinsame Leid die gemeinsamen Freuden weit übertrifft, weil sich das Ganze relativiert hat, weil man sich nicht mehr versteht, nicht mehr liebt oder braucht oder nicht mehr inspiriert.

Manchmal steigern sich die Beziehung und die Verantwortung, wenn man einem Kind oder mehreren das Leben schenkt. Damit tritt ein weiteres Lebendiges, Würde Beanspruchendes in dieses Gebilde ein. Das würdige Umgehen mit dem Wunder der Geburt beginnt wie bei vielen anderen Dingen bereits in der Sprache. Unsere Begriffe sagen aus, wie wir dieses Wunder begreifen wollen. Die Beziehung zwischen werdenden Eltern und dem Ungeborenen ist eine andere, wenn man sagt «Wir bekommen ein Kind» oder von «Kinderkriegen» spricht. Dabei wird das Kind ungewollt zu einem Besitz, über den man sich freut wie über ein neues Haus oder ein neues Kleid.

Sollte es hier nicht primär um das Kind, um die Entwicklung eines Menschen gehen und nur über Umwege auch um die Eltern, die schon eine Zeit der Entwicklung hinter sich haben und nun vornehmlich vor der Aufgabe stehen, das Kind in die Welt zu führen? Deswegen sagt man auch: «Wir erwarten ein Kind.» Das drückt aus, dass die Initiative hier von dem Kind ausgeht, das sich aus freier geistiger Wahl für bestimmte Eltern entschieden und sich zu diesen auf den Weg gemacht hat.

Eine solche Einstellung erfordert nicht zwangsläufig, dass man an ein vorgeburtliches Leben des Menschen und an Reinkarnation und Karma mit absoluter Gewissheit *glaubt.* Es erfordert zunächst nur eine Offenheit für diese Möglichkeit. In einer solchen Offenheit offenbart sich das Achten der Würde des Kindes – ebenso in der Wendung: «Wir schenken einem Kind das Leben», die ein viel freieres, den ankommenden Menschen in den Mittelpunkt stellendes Verhältnis impliziert als die Umkehrung «ein Kind *bekommen*». Während bei der Annahme einer vorgeburtlichen voll bewussten Geistexistenz des Menschen *das Kind seine Eltern wählt,* geht die gesellschaftliche Entwicklung derzeit dahin, dass die Eltern sich *ihr Kind aussuchen.*

Der noch ungeborene Mensch wird sich seine Eltern danach wählen, wie viele Entwicklungsmöglichkeiten ihm durch die Beziehung zu seinen Eltern offen stehen. Wenn er sich als Geist schon viele Male verkörpert hat, wird er mannigfache Erfahrungen gemacht haben und viele Dinge noch besser lernen, vielleicht vervollkommnen, vielleicht manches auch ausgleichen wollen. Schwierige Lebensbedingungen werden ihm vielleicht nur recht sein, da wir uns an Widerständen entwickeln.

Wenn ich aber durch die Methoden einer pränatalen Diagnose feststellen kann, wie mein Kind sein wird – zum Beispiel ob es behindert sein wird –, gehe ich nicht nach dem Kriterium der Entwicklungsmöglichkeit aller Beteiligten vor (des Kindes, aber vielleicht sogar meiner selbst), sondern einzig und allein nach meinem Wunsch. Natürlich gibt es auch werdende Eltern, die, nach äußerst gewissenhafter Prüfung und indem sie es sich keineswegs leicht gemacht haben, sich *aufgrund der Würde des ungeborenen Menschen* dagegen entscheiden, ein stark behindertes Kind auszutragen. Sie wollen so nicht nur sich, sondern eben auch diesem fremden Menschen ein in ihren Augen unwürdiges Leben «ersparen».

Was in dieser Diskussion viel wichtiger ist als moralische Verurteilungen in die eine oder die andere Richtung, ist die Frage, wohin die Tatsache, auf diesem Lebensgebiet zunehmend *Optionen zu haben,* logischerweise führt. Sie muss aus sich heraus dazu führen, dass man sich in ferner Zukunft den Menschen so zurechtbasteln wird, wie es einem entweder persönlich genehm oder wie es der Menschengemeinschaft als Norm «gut» erscheint. Können auf diese Weise noch echte Beziehungen entstehen? Was wäre eine Beziehung ohne das Vertrauen: «Ich weiß zwar nicht, wohin das führen wird mit uns beiden, aber gerade das macht das Leben doch so spannend»? Diese Offenheit gehört zur Würde einer Beziehung ebenso wie die Verantwortung. Ich vertraue auf etwas, was nicht ist, sondern was ich mit dem anderen gemeinsam schaffe.

2

Worin genau besteht die Würde einer Beziehung, sei es einer solchen, die nur Sekunden «dauert», etwa die zweier Menschen, die zufällig gemeinsam durch eine Drehtür gehen, oder diejenige einer schon länger existierenden oder naturhaft gegebenen Verbindung? Früher wurden die Ehepartner einander von den Eltern zugeteilt, aus dynastischen Gründen oder aus Tradition. Aus heutiger Sicht verliefen die Partnerfindung und das Verheiraten früher ziemlich würdelos. Andererseits stellte man es damals nicht in Frage oder nur dann, wenn ein Mensch sich sehr stark individualisiert hatte und seiner Zeit voraus war. Es war zu damaliger Zeit angemessen. Heute wohl weniger – wobei zu fragen wäre, ob nicht der rapide ansteigende Trend zu Annoncen, Single-Parties, Flirt-Agenturen, Partnersuche per SMS oder im Fernsehen nicht wie ein spiegelverkehrter Rückfall in die Vergangenheit ist in modernem Gewand. Man will dem Schicksal künstlich auf die Sprünge helfen anstatt ihm die Freiheit zu lassen, zu wirken. Als habe nicht auch das Schicksal eine Würde!

Diese Künstlichkeit der Kontaktherstellung und Partner-«Wahl» war damals vielleicht gut und gesund für die Menschen. Vielleicht hätten sie zu viel Freiheit gar nicht ertragen, weil sie die Ordnung von außen noch brauchten. Andererseits erscheint vielen Menschen das «Anzeigenwesen» als etwas sehr Praktisches. Wie viele sind ratlos, weil sie den Richtigen noch nicht gefunden haben, warum also nicht pragmatisch vorgehen, warum nicht ehrlich gestehen: «Ich weiß nicht mehr weiter, ich möchte nicht mehr allein sein, dies sind meine Bedürfnisse, wer sich darin wiederfindet, melde sich bitte!»? Wenn man sich dann zum ersten Mal trifft, hat man ja immer noch dieselbe Freiheit, die man hätte, wenn man sich zufällig begegnete. Oder gibt es, ebenso wie eine Würde des Schicksals, auch eine Würde des Zufalls (die darin besteht, dass er keiner ist, dass die Liebe sich nur als Zufall verkleidet, dass sie, wenn sie kommt, einem eben *zu-kommt,* wenn sie fällig ist)? Man sieht: Es ist auch hier nicht leicht, moralisch übereinander zu richten. Natürlich wirkt es auf manch einen würdelos, wenn man Menschen, oft mit Foto und vorgefertigten Sätzen, in Zeitungen für die eigene Person werben sieht. Aber vielleicht bedeutet es für einen einsamen Menschen einen Riesenschritt, wenn er sich dies getraut hat, vielleicht hilft es ihm am Ende, weil ein anderer nur darauf gewartet hat.

Die Stunde der Wahrheit schlägt dann, wenn es um die Gestaltung der Begegnung geht. Dabei ist es hilfreich und entscheidend, dass man eine Begegnung *gemeinsam richtig interpretiert,* dass man ein Gefühl hat – das sich ja auch erst allmählich entwickeln kann – für den eigentlichen, spezifischen Sinn der gemeinsamen Begegnung. Oft wurden Menschen später lebenslange Freunde, die vorher dachten, als Ehepartner füreinander bestimmt zu sein, sich dabei aber immerzu gestrit ten hatten. Oder umgekehrt: Man lernt sich kennen als Freunde oder Bekannte des eigenen Partners und merkt irgendwann, dass man sich liebt.

Nicht selten spielt der Faktor Zeit eine Rolle: Manchmal besteht der Sinn einer Beziehung darin, für eine bestimmte Zeitspanne jedem der Beteiligten zu einem Entwicklungsschritt zu verhelfen, wobei dasjenige, wozu man sich entwickeln sollte oder wollte, dann nicht unbedingt auch noch mit demselben Menschen verwirklicht wird. Das sollte man dann auch nicht erzwingen. Innere Freiheit ist nötig, dies zu akzeptieren und sich zu freuen darüber, dass man eine Art Priester oder Seelsorger auf dem inneren Weg des anderen war. Es ist wie bei Eltern und Kindern: Diejenigen Kinder werden die tiefste und zugleich freieste Beziehung zu ihren Eltern haben, die von diesen freigelassen wurden, ihren eigenen Weg zu gehen. Ich glaube, dass sich auch in der Frage menschlicher Beziehungen die Würde der Beziehung aus der geistigen Haltung, aus der geistigen Distanz heraus ergibt, mit der ich auf eine entstandene Nähe schaue.

Das ist kein Widerspruch dazu, dass ich die Nähe tief und dankbar erlebe. Wenn ich aus Wunschdenken jemand oder etwas so behandle, wie er oder es gar nicht ist und gar nicht sein kann, wenn ich etwas – und sei es nur ein beliebiger Gegenstand – in seinem spezifischen Sinn verrate, dann missachte ich auch seine Würde. Wer einen Hund als einen Menschen, ein Kind als elterliches Eigentum oder eine zeitweilige schöne, befreiende Romanze als ewige Liebe interpretiert, wird Enttäuschungen erleben. Er wird sich selbst entwürdigen und entwürdigt fühlen, wenn das Leben die Täuschung aufdeckt, und dies tut das Leben früher oder später schonungslos – in der Weise, dass sich der oder das Vereinnahmte gegen die Vereinnahmung wehrt. Das betrifft das Kleinste wie das Größte: Wer die Erde als wesenlos interpretiert, wer in der Natur – in Steinen, Pflanzen und Tieren – etwas sieht, das sich letztlich wirtschaftlichen Interessen unterordnen muss, der wird keine allzu großen Skrupel haben, der Natur Schaden zuzufügen. Wer davon ausgeht, dass er nur *ein* Leben hat, wird sich um die Folgen seiner Taten nicht so bekümmern wie derjenige, der davon ausgeht – zunächst nur als von einer Gedankenmöglichkeit –, dass er wiederkommen wird auf die Erde und unter Umständen konfrontiert werden wird mit dem, was er in seiner letzten Inkarnation getan hat.

All diese Dinge haben mit Würde zu tun. Die richtige Interpretation einer Beziehung lässt deren Würde erstrahlen, die falsche Interpretation wird sie verletzen oder zerstören: sei es die Beziehung zwischen der Erde und dem Menschen, sei es die zwischen möglicherweise existierenden geistig-übersinnlichen Wesen und der Erdenwelt, sei es die zwischen zwei einander sympathischen Menschen, die Beziehung zwischen Eltern und Kindern oder auch die zwischen einer losen oder festen Gemeinschaft spirituell Verbundener mit demjenigen besonderen Menschen oder Gedankengut, dem sie diese Verbundenheit äußerlich verdanken oder mit dessen Erbe sie sich identifizieren. Der erwachsene freie Mensch wird immer fragen: Was ist jetzt der würdige Umgang mit einer Situation? Sei er ein Vater, eine Mutter, ein Verliebter, eine Verlassene, sei es der Verwalter eines testamentarisch verfügten Rechts, ein po litisch Tätiger, ein zufällig Vorbeigekommener (wie der Samariter im Evangelium, der dem Verletzten hilft): Niemals wird ein freier Mensch aus Eigeninteresse handeln, sondern immer im Interesse des anderen, im Interesse der Sache.

3

In dem schon zitierten Vortrag vom 10. Oktober 1916 hat Rudolf Steiner zu Beginn darauf hingewiesen, dass es heute schwieriger geworden ist, das gemeinsame Schicksal richtig zu interpretieren. Seine Aussagen beruhen auf der Annahme wiederholter Erdenleben und eines überzeitlichen «Karma», das man für sich selbst wie auch mit anderen Menschen im Laufe vieler Leben gebildet hat – ein Gedanke, dem sich heute viele Menschen auf der ganzen Welt öffnen und zunehmend Vertrauen schenken. Steiner sagt:

«Immer schwieriger ... werden es die Menschen haben ..., sich in ein rechtes Verhältnis zueinander zu bringen, weil dieses Sich-in-ein-rechtes-Verhältnis-Bringen eben Aufwendung innerer Entwicklung, innerer Betätigung fordert ... Wie ist es heute schon für Menschen, die durch das Karma zusammengeführt werden, schwierig geworden, sich unmittelbar zu verstehen, weil sie vielleicht wiederum durch andere karmische Verhältnisse nicht die Kraft finden, alle Beziehungen sich instinktiv zu vergegenwärtigen, die aus früheren Inkarnationen bestehen! Menschen ... lieben sich; das rührt her von gewissen Wirkungen aus früheren Inkarnationen. Aber andere Kräfte wirken dem entgegen, wenn solch eine Reminiszenz aufsteigt; sie kommen wieder auseinander ... Immer schwieriger wird es, dass die Söhne, die Töchter die Väter und Mütter verstehen, immer schwieriger und schwieriger wird es, dass die Eltern ihre Kinder verstehen, immer schwieriger wird es, dass die Geschwister einander verstehen ...»

Was Steiner angesichts dieser Prognose, die sich meines Erachtens erfüllt hat, empfiehlt, klingt im Zitat bereits an. Nicht mehr auf Vergangenes können wir uns verlassen, wenn zwei Menschen miteinander zu leben beschließen. Alles, auch die feierlich geschlossene Ehe, muss eigentlich im selben Augenblick wieder eine offene werden, muss ihre Legitimation ständig neu schaffen, geradezu aus der Zukunft hereinholen. Wenn dies nicht geschieht, entstehen jene würdelosen Ehe-Alltage, wo man aneinander erstickt, wo jeder in Gedanken vor dieser Zukunft zu fliehen versucht, wo plötzlich die Suche nach Hintertüren beginnt, nach Auswegen. Doch unsere Gedanken sind nicht frei und die Gedanken von Liebenden sind es erst recht nicht. Der andere wird bemerken, dass ich unzugänglicher werde, dass ich die Tür hinter mir zumache, weil ich durch eine andere Tür hinaus will.

Der Mensch, mit dem ich lebe, wird meine Gedankenspiele bemerken und man wird einander verletzen, wenn man die Situation nicht klar anschaut und um der Zukunft willen gestaltet, einer Zukunft, die man vielleicht nicht einmal gemeinsam – als «Liebespaar» – miteinander teilen wird, aber in der man trotzdem mit den Folgen dessen, was man getan oder unterlassen hat, gemeinsam konfrontiert wird. Der Reinkarnationsgedanke ist ja nicht dafür da, um bedrückende Zustände zu legitimieren, weil man sie eben vorgeburtlich «gewollt» oder «verdient» hätte. Auch er kann entwürdigt werden. Zunächst hilft dieser Gedanke, Zustände besser zu *verstehen.* Doch er hilft nicht nur, den Menschen, mit dem ich zusammenlebe, aus der Gegenwart oder aus seiner Vergangenheit heraus besser zu verstehen – eigentlich geht es darum, einander von der *Zukunft* her zu begreifen.

Stellen wir uns einen Menschen vor, der sich für bindungsunfähig hält, weil kein Lebenspartner seine hohen Ansprüche befriedigt. Immer findet er früher oder später irgendetwas am anderen, das ihn stört, bekümmert, missfällt. Zunehmend fühlt er seine Liebesfähigkeit entwürdigt, zunehmend entwürdigt sein Verhalten den anderen. Eigentlich sehnt der Mensch sich nach einem anderen Partner, der besser zu ihm passt. Wenn er dem Reinkarnationsgedanken positiv gegenübersteht, sagt er vielleicht: «Das ist alles nicht stimmig, mich verbindet zu wenig mit dem anderen, wir verstehen uns überhaupt nicht, die Beziehung ist unwürdig. Wir sollen von unserem Karma her gar nicht zusammen sein!» Vielleicht zieht er daraus den Schluss, dass dies wohl sein ewiges Schicksal sei: nie den richtigen Partner zu finden, allein sein zu müssen. Eine schöpferische Haltung würde dagegen die Begrenztheit der nur egoistischen Vorstellungen und Spekulationen sprengen und den anderen in den Prozess mit hineinnehmen. Das Schicksal wird ja nicht nur «abgetragen» oder «erlitten», sondern es wird auch geschaffen – neu geschaffen, für die Zukunft. Was kann Drittes entstehen aus einer Beziehung zweier Menschen, die es vielleicht aus dem oder jenem Grunde schwer miteinander haben, weil sie den gemeinsamen Schicksalsboden nicht spüren und «eigentlich» gar nicht zusammenpassen?

Vielleicht muss man sagen: Es «passt» heute *niemand* mehr zum anderen. Und zugleich «passt» *jeder.* Es ist mehr oder weniger egal, mit wem ich zusammen lebe. Es kommt darauf an, aus welchem Geist und mit welcher Gesinnung ich dieses Leben lebe. – Hadere ich oder gestalte ich? Wenn ich meinen Partner, den ich mir schöner und attraktiver oder klüger oder humorvoller gewünscht hätte, durch meinen Blick, meine Gedanken, meine Hilfe *schön mache,* klüger mache, zum Lachen bringe, wenn ich ihn sich entwickeln lasse an meiner Seite, so wie er es sich ersehnt, nicht wie es meine oder eine allgemeine Vorstellung vorschreibt, dann gebe ich ihm die Würde zurück, die meine verstohlenen Erwartungen ihm genommen haben. Niemand ist frei davon, sich heimlich immer nach etwas Besserem zu sehnen, nach dem Würdevolleren. Aber es ist nur ein Phantom, dem wir nachjagen in unserer Vorstellung. Die Würde des Menschen, der an meiner Seite lebt, zu achten und zu vergrößern, ist die bestmögliche Gelegenheit, auch das eigene Leben und das eigene Schicksal zu lieben.

Es gibt heute nichts mehr, was wir nur für uns selbst tun. Alles, was wir tun, verändert die Menschheit, alles, was wir denken, denken wir im Namen und im Angesicht des Wesens der Menschheit. Alles, was wir positiv verwirklichen und was wir aus Nöten und aus Freiheit schaffen, ist ein Baustein am himmlischen Jerusalem.

Das an spektakulären erotischen Affären eher arme Leben des Singles Franz Kafka vermag hinsichtlich der Abgründe der Zweisamkeit viel zu erzählen. Das muss nicht erstaunen. Der viel Erlebende muss nicht zugleich der viel Erkennende sein. In die Gedanken, die sich Kafka über seine vermeintliche Beziehungsunfähigkeit machte, wirkte das Vertrautsein mit Facetten menschlicher Begegnung hinein. Nicht nur hat er viel über seine Erziehung und sein schwieriges Verhältnis zu seinem Vater nachgedacht. Seinen Schwestern hat er pädagogische Ratschläge erteilt. Hier sei auf seine beiden Liebesbeziehungen zu Felice Bauer und zu Milena Jesenská geblickt.

Die Begegnung mit Felice Bauer einerseits und diejenige zu Milena Jesenská andererseits mutet wie eine Polarität an. Die Beziehung zu Felice scheint unbewusst auf Vergangenem aufzubauen. Bezeichnenderweise erschien Felice Kafkas Werben sehr gewollt; im Tagebuch ist sein Urteil über ihr Äußeres ausgesprochen negativ. Vielleicht spürte sie das die ganze Zeit. Kafka will heiraten, aber er liebt nicht wirklich Felices Individualität. Wie früher die Väter ihren Söhnen die Bräute, hat er sich Felice ausgeguckt. Sie ist sein Erzeugnis, seine Schöpfung. Felice selber blieb relativ passiv und ergab sich einer Macht, die vorgab, Ohnmacht zu sein. Felice lebte in Konventionen, Kafka entwickelte seine eigenen und lockte seine Braut in die geistig-seelische Bedürfnislage eines vom Schreiben Besessenen.

Mit Milena verläuft die Begegnung viel organischer, auf gleicher Augenhöhe. Man plastiziert gemeinsam an ihr. Es gibt einen geistigen Anlass von außen, die Würde eines Zufalls: Milena möchte etwas von Kafka übersetzen. Im Schutz dieses unverbindlichen, trotzdem Verbindlichkeit schaffenden Anlasses kommt man einander näher. Langsam, durch den brieflichen Austausch, erwärmen sich die beiden füreinander. Kafkas Briefe vermitteln einen Eindruck von der Gewissenhaftigkeit, mit der sie versuchten, sich einander zu erkennen zu geben, mit der sie einander interpretierten, immer in Sorge um die Richtigkeit ihrer Interpretationen. Es war nicht einfach, die Begegnung würdig zu gestalten und einander immer wieder zu verstehen, denn Milena war mit einem anderen Mann zusammen.

Die Beziehung zwischen Milena und Kafka scheitert am Ende. Beide blieben jedoch bis zum Schluss in Kontakt. Bei Kafkas Tod und in den Briefen an Max Brod findet Milena hellfühlende Worte. Ein Brief von Kafka lässt ahnen, warum ihm hier eine (vielleicht zukünftig erst wirksame) Beziehung zu einer Frau gelang – sie *gelang,* trotz allem –, die ihn seine Angst vor Nähe vergessen machte und die vom Anfang bis zum Ende würdevoll blieb: weil er aus den Kategorien von Macht und Ohnmacht heraustreten konnte, weil er *spielte,* ganz Mensch war. Nachdem man in den Wäldern um Wien einige schöne Sommertage verlebt hatte, schrieb er in einem Brief:

«Da ich dich liebe (und ich liebe dich also, du Begriffsstutzige, so wie das Meer einen winzigen Kieselstein auf seinem Grunde lieb hat, genau so überschwemmt dich mein Liebhaben – und bei dir sei ich wieder der Kieselstein, wenn es die Himmel zulassen) liebe ich die ganze Welt und dazu gehort auch deine linke Schulter ... und dein Gesicht über mir im Wald und dein Gesicht unter mir im Wald und das Ruhn an deiner fast entblößten Brust ...»

In der Liebe zu einem Menschen erfuhr Kafka Liebe zur ganzen Welt. Der unten auf dem Grunde des Meeresbodens regungslos liegende Kieselstein und das über ihm lebendig wogende Meer, das Kleine, Unscheinbare und das Große, Gewaltige werden zusammengedacht, zusammen gewürdigt und aufeinander bezogen. Es wird nicht von – den anderen überschwemmender, bedrängender – Liebe als von einem Substantiv gesprochen, sondern von einem Liebhaben, einem Prozessualen, Gemeinsamen, Schöpferisch-Lebendigen. In der Erinnerung taucht das Bild, das Gesicht des anderen abwechselnd *oben* und *unten* auf, bis in die Syntax hinein beschwört Kafkas Brief den Austausch, den Rhythmus, die Gleichzeitigkeit, die geistig-sinnliche Hingabe an eigene Macht und Ohnmacht, Würde und Würdeverlangen, Freiheit und Bedürftigkeit. Dies alles bleibt gewahrt, wird im Augenblick Ereignis und schafft unsichtbare Zukunft. Ruhe wird erlebt – an der «fast entblößten» Brust des anderen, im Bereich des Herzens.

Im Griechischen gibt es drei Worte für Liebe: *Eros, Philia* und *Agape*. Liebst du mich? fragt Christus seinen Schüler Petrus dreimal nach dem gemeinsamen Mahl. Er will von Petrus erfahren, ob dieser die Begegnung, ob er das Wesen seines Herrn und dessen Auftrag richtig interpretiert, ob er ihn im Sinne der Agape liebt, also frei, nicht um seinet-, sondern um der Liebe willen. Doch in Petrus bilden sich Vorstellungen und Gefühle der Kränkung, der Verunsicherung und der

Eifersucht. Er fühlt sich entwürdigt, nackt, erkannt. Christus ist schonungslos wahrhaftig. Aber in dieser Schonungslosigkeit des Weiter-Entwickelten liegt die größere, liegt das Wesen aller Liebe: nämlich diejenige, die dem Geliebten zu einer Entwicklung verhilft, die ihn aufwecken, zur absoluten Freiheit erwürdigen will, auch zur Überwindung des Mitgebrachten, der Würde der Blutsbande.

Dieses Urbild berührt ein anderes weites Beziehungsfeld, von dem schon die Rede war: das der *Familie.* Irgendwie ist deren Status bis heute ein Gradmesser für den guten Ruf eines Menschen geblieben. Von früher her kannte man das: Es war für angesehene Eltern wichtig, dass die Tochter, der Sohn jemanden heiratete, der dem Stand und dem Ruf der eigenen Blutsbande würdig war. Es wurde als unpassend empfunden, wenn die Tochter aus gutem Haus sich mit einem Heavy-Metal-Musiker verlobte. Hinzu kamen und kommen noch heute religiöse Gesichtspunkte, von denen im vergangenen Jahr der Kinofilm *Just a kiss* von Ken Loach erzählte, wo im Glasgow der Gegenwart eine irische Katholikin und ein Pakistani um die Würde ihrer jungen Liebe ringen, welche von verschiedenen Seiten, vor allem von der nach strengen Sitten verfahrenden Familie des jungen Mannes in Frage gestellt wird.

Natürlich sind dies Extremfälle. Aber wie ist es um die Würde des Verhältnisses von Eltern und Kindern heute bestellt? Um die Würde des Alters (also die Würde von Erfahrungen), um die Würde der Jugend (also die Würde der eigenen Wahl, des Fehlendürfens), um die Würde von Mann und Frau – und Mann und

Mann, Frau und Frau – und nicht zuletzt um die Würde von Kindern? Was wird aus dem guten Ruf, wenn die Freiheit ruft – und sie besser ist?

Als die baden-württembergische Kultusministerin im Herbst 2004 im Rahmen einer parteiinternen Ur-Abstimmung über das Ministerpräsidentenamt durch gezielt gestreute Gerüchte und Indiskretionen genötigt war, zu der Frage Stellung zu beziehen, ob sie lesbisch sei, beschwerte sie sich heftig über diesen – wie sie es nannte – Rufmord. Durch ihre nicht sehr gelassene Reaktion untergrub sie ungewollt nicht nur die eigene Souveränität, sondern attackierte indirekt auch die Würde homosexueller Menschen, welche schlicht darin besteht, dass Homosexualität eine Realität zwischen Menschen ist, die ebenso wie andere das Recht besitzen, ihr Leben zu gestalten. Die Ministerin reichte die Denunziation, die ihr widerfuhr, einfach empört weiter. Man braucht weiter nichts zu Homosexualität zu sagen; sie als Problem zu behandeln oder als Verdacht zu bezeichnen, wenn auch aus wohlmeinenden Motiven, zeugt ebenso von Unfreiheit wie wenn man sie gleichsam feierte und forcierte.

Dieses Beispiel dokumentiert unter anderem, dass man in gewissen Kreisen noch immer in Erklärungsnöte gerät, wenn man allein lebt, wenn man ledig ist, keine Kinder hat oder die Eltern wenig besucht. Der amtierende Bundeskanzler kokettierte im Wahlkampf mit Fotos seiner Mutter, mit Besuchen ostdeutscher Cousinen oder dem Grab des im Krieg gefallenen Vaters. Obgleich man keinem Menschen, auch nicht Politikern, authentische Gefühle absprechen sollte, fällt auf, welch hohe Bedeutung dem Familienleben in unserer Gesellschaft zukommt. Auch andere Politiker pflegen sich mit ihren Ehefrauen im trauten Familienidyll auf Wahlkampfplakaten porträtieren zu lassen, um Stimmen zu sammeln. In den USA gehören Lobreden der Kinder auf ihre Väter zum festen Bestandteil der vor Präsidentschaftswahlen stattfindenden Parteitage. Worin kann für ein zeitgemäßes Denken die Würde und Bedeutung von Familie bestehen und worin nicht?

Liebst du mich eigentlich?, fragen verstörte, von ihren Kindern enttäuschte Mütter, Undankbarkeit attestieren ihren Kindern viele Väter. Früher hörte man oft: Solange du deine Füße unter meinen Tisch streckst ... Der elterliche Tisch wird zum Altar, auf welchem das Kind Opfer darzubringen hat, so wie die Eltern für das Kind Opfer dargebracht haben. Hören wir dazu Kafka in einem Brief an Felice Bauer vom 19. Oktober 1916, also neun Tage, nachdem Rudolf Steiner in einem – Kafka unbekannten – Vortrag davon sprach, dass es für Eltern und Kinder in Zukunft immer schwieriger wird, sich zu verstehen:

«Liebste, so einfach ist es nicht, dass ich das, was du über Mutter, Eltern, Blumen, Neujahr und Tischgesellschaft sagst, einfach hinnehmen könnte ... Ich, der ich meistens unselbstständig war, habe ein unendliches Verlangen nach Selbstständigkeit, Unabhängigkeit, Freiheit nach allen Seiten ... Alle Verbindung, die ich mir nicht selbst schaffe, sei es selbst gegen Teile meines Ich, ist wertlos, hindert mich am Gehen, ich hasse sie oder bin nahe daran sie zu hassen ... es ist, als wäre ich nicht endgültig geboren, käme immer wieder aus diesem dumpfen Leben in dieser dumpfen Stube zur

Welt, müsse mir dort immer wieder Bestätigung holen ... Das andere Mal weiß ich aber wieder, dass es doch meine Eltern sind ... Bestandteile meines eigenen Wesens, nicht nur als Hindernis, sondern auch als Wesen zu mir gehörig ... Haben sie, Vater von der einen Seite, Mutter von der anderen, meinen Willen ... fast gebrochen, so will ich sie dessen würdig sehn ... Ich will sie also dessen würdig sehn. Infolgedessen ist für mich ihre Unreinlichkeit hundertfach so groß ... ihre Lächerlichkeit hundertfach, ihre Roheit hundertfach ... Deshalb ist mein Verhältnis zu deinen Verwandten ähnlich meinem Verhältnis zu den meinen ... Auch sie geben eine Verbindung ab, die mich hindert ... und sie sind ... nicht würdig.» Kafka schließt den um Verständnis werbenden Brief mit dem Hinweis, als Antwort genüge – «so groß ist mein Vertrauen zu dir – ein einziges Wort.»

Der erwachsene Sohn Kafka will, dass die blutmäßige Verbindung wenigstens einen moralischen Sinn hat, einen ethischen Effekt für beide Seiten, dass man einander so wenig aus Prinzip liebt und verehrt wie aus Prinzip bekämpft, hasst und erniedrigt. Er will seine Eltern würdig – moralisch glaubwürdig – sehen. Er will aus dem Alten das Neue hervorbringen, nicht gegen die Eltern, sondern mit ihnen. Doch er stieß damit an Grenzen, auch bei sich selbst, die zuletzt auch die Liebesbeziehungen behinderten. Er war ein Behinderter, ein «behindertes Kind»: Auffällig ist die Zahl der Visionen und Texte, in denen sich bei Kafka der Sohn opfert oder geopfert wird, so in *Das Urteil* und *Die Verwandlung.* Er hatte aber auch behinderte Eltern, denn diese waren durch die vermeintlich festgelegte Bestimmung ihres Eltern-Seins und durch die Tradition nicht frei genug, in den kniffligen Verlobungsgeschichten ihres Sohnes helfend zu vermitteln.

Die Würde eines Menschen besteht darin, dass man ihm zuspricht, auch anders sein zu können. Sie beweist sich im Sich-Freuen darüber, dass einer sich selbst Verbindungen geschaffen hat, auch und gerade wenn es Verbindungen sind, die der eigenen Vorstellung oder Konvention zuwiderlaufen. Im Verhältnis von Eltern und Kindern wird dies auch aus dem Grund häufig zum Problem, weil in jedem Verhältnis von Schöpfern zu ihren Geschöpfen die natürliche Sorge mitschwingt, an einem möglicherweise schwierig verlaufenen Leben Schuld zu sein. Aber schuldig werden zu können ist ein Vorzug der Freiheit. Eltern haben die Aufgabe, dem Kind zum Gedanken und zur Erfahrung der Freiheit zu verhelfen. Es ist ungewollt ein Ausdruck von Egozentrik, wenn sie auch dafür Verantwortung übernehmen wollen, was ihr Kind aus der Freiheit macht. Auch in einem Jugendlichen lebt eine Individualität – mit bestimmten Kräften und mit Licht- und Schattenseiten, die aus der Vergangenheit früherer Inkarnationen herrühren –, die ab einem gewissen Punkt die Rolle «unser Kind» sprengt und übersteigt. Es gibt sogar ein Recht auf das eigene Bösesein. Menschen können es als extrem diskriminierend empfinden, wenn man aus Pietät niemals auf ihre Kosten einen sarkastischen Witz macht. Mit anderen Worten: Die Würde des Kindes besteht in einem geistigen Ort, zu dem die Eltern keinen Zutritt haben. Aber auch die Eltern verfügen – jeder für sich – über solch einen Ort. Ihr

Kind *kann* sich, aber muss sich nicht dafür interessieren. Es ist ein Akt der Freiheit aller drei, ob sie einander als Individualitäten Interesse entgegenbringen, ob sie außerhalb ihrer «Rollen» in dieser Inkarnation einander «erkennen» und anerkennen.

DER URSPRUNG DER WÜRDE – WELTANSCHAUUNG ODER SELBSTBESINNUNG?

Die menschlichen Beziehungen sind so vielschichtig und geheimnisvoll, dass, aus der Perspektive der Würde auf sie zu blicken, nur zu einer Annäherung führen kann. Viele Gesichtspunkte und Fragen bleiben unerwähnt – legt man die anthroposophische Menschenkunde mit dem Gedanken der unterschiedlichen Wesensglieder des Menschen zugrunde –, zum Beispiel die Frage: In welchem Wesensglied ist eigentlich die Würde anzutreffen? Nur im physischen Leib? Wohl kaum. Und gibt es eine Würde des Lebensrhythmus', des Umkreishaften, Webenden und Elementaren? Gibt es eine Würde des Seelischen in uns, ja eine Würde sogar unserer Triebe und Leidenschaften, eine Würde der Schmerzen, eine Würde des seelischen Hungers? Worin bestünde eine Würde des Todes? Und kann man schließlich sagen, die Würde lebt «nur» im Geistigen, im Ich? Kann man sie vielleicht überhaupt nicht im Wesensgliedergefüge des Individuums festmachen? Webt sie im Wesensgliedergefüge der Menschheit? *Will* sie dort leben und schaffen? Ist sie der Hunger und Durst des modernen Menschen? Ist sie die Kunst des Sozialen, welche ständig von uns selber geleistet werden muss?

Welche Beziehung haben wir zu einem Menschen wie Rudolf Steiner, der von vielen als ein moderner Eingeweihter erlebt wurde, als ein echter Menschheitslehrer? Welches Verhältnis können wir «Uneingeweihten» zu solchen Führern und Helfern finden?

Können wir sie «lieben»? Welche Art Liebe erhoffen sie sich? Liebe zu ihnen als Personen – oder Liebe zu dem, worum es ihnen ging? Gibt es eine Würde der Anthroposophie, eine Würde des Geistes? Wo ist die Grenze, wo man diese verraten würde? Wer entscheidet das?

Es mag überraschen, wenn im Kontext von Würde und Liebe ein Wort über die Anthroposophie, die von Rudolf Steiner begründete moderne Geisteswissenschaft, fällt. Ich glaube, dass sie viel über Würde aussagen und dass die Würde aber auch etwas über sie sagen kann. Man kann erfahren, dass das Menschenbild der Anthroposophie dem Menschen Würde verleiht, Würde zurückgibt. Als irdische Erscheinung ist sie eine begriffliche und soziale Schöpfung, in Schriften und Vorträgen umrissen, in konkreten Institutionen gleichnishaft praktisch verwirklicht, von Rudolf Steiner, einem geistig unabhängigen einzelnen Menschen, der von 1861 bis 1925 in Europa gelebt und gewirkt hat.

Rudolf Steiner hat in unterschiedlicher Weise darüber gesprochen, was Anthroposophie ist oder sein müsse, wenn sie authentisch bleiben wolle. Am eindringlichsten und häufigsten sagte er, dass sie «Leben» sei –, und man könnte hier nun viele Zitate aus Vorträgen bringen. Und doch würde es am Ende rätselhaft und auch staunenswert bleiben, was und überhaupt dass sie ist, dass es so etwas Eigenartiges überhaupt gibt wie Anthroposophie, deren Hauptcharakterzug darin besteht, einerseits der ganzen Menschheit zu gelten und nicht einer bestimmten bürgerlichen Elite, andererseits ihrer Natur nach nicht demokratisierbar und schon gar nicht indoktrinierbar zu sein, weil sie eben *doch* eines spezifischen Zugangs bedarf – aber eines Zugangs, den jeder finden, ja noch nicht einmal finden, sondern den jeder haben, den jeder nutzen kann – eines Zugangs über das Leben, das ganz alltägliche, sich immer entwickelnde Leben. Und ihr größter Widerspruch, ihr Skandal besteht darin, dass sie einerseits nicht ohne die Individualität und Persönlichkeit Rudolf Steiners existieren würde, dass dieser aber selbst gar nicht von Belang, dass seine Person in gewisser Hinsicht gleichgültig ist, wenn ein Mensch aus der Quelle der Anthroposophie schöpfen will. Vom Wesen her existiert sie frei für jeden Menschen in einer Sphäre der Ewigkeit, in einer überzeitlichen und überräumlichen Zugänglichkeit. Christus sagte nicht: Ich bin im Wohnzimmer. Er sagte: Ich bin die Tür.

Verständnis für die Universalität des Geistes und Treue zu diesem zeigt sich nicht im formalen Appell. Vom Lippenbekenntnis her kann ich meiner Ehefrau oder meinem Ehemann tausendmal Treue schwören. Aber letztlich, dem anderen erlebbar werdend, kann ich sie einzig und allein nur durch Taten beweisen, durch solche nämlich, bei denen es mir nicht um mich selber geht, sondern um den anderen, um eben das, worum es *ihm* geht. Ein Mensch fühlt sich geliebt, auf würdige Weise geliebt, wenn er sich verstanden und erkannt fühlt, nicht wenn man ihm einen Gefallen tut. Ein selbstständiger Mensch wird von Gruppen immer gleichzeitig hofiert und als Bedrohung empfunden. So kann auch ein Partner die Selbstständigkeit des anderen als Bedrohung der Zweier-Gemeinschaft erleben. Auch Ehepartner müssen ertragen können, dass der geliebte Mensch zum Beispiel plötzlich von einem anderen Menschen – sei es nur wie bei einem Blitz in einem kurzen Gespräch, sei es bei einer unvermittelten existenziellen Begegnung – verstanden und erkannt werden kann, vielleicht viel besser als von einem selbst. Davon wiederum kann man ja auch gemeinsam lernen. Man muss sich nicht gleich scheiden lassen. Und so ist es auch mit der Liebe und der Würde des Geistes. Er weht eben, wo er will. Auch seine Würde erklärt sich aus seinem Wesen, aus dem, was er ist. Die Würde aktualisiert sich in der Gefahr des Verrats. Man kann sich nicht auf Liebe «berufen». Des Geistes Würde ist nicht der Würdenträger.

Würdig ist der Geist, weil er nicht missbraucht oder zu etwas anderem gemacht werden kann. Gerade dann entfaltet der Geist seine Vollmacht, wenn er gegen sich selbst handeln soll. Er handelt dann *aus* sich selbst gegen den Verrat. Er übersteigt sich. Mit anderen Worten: Der Geist der Wahrheit ist zum Beispiel nicht automatisch bei denen, die in seinem Namen handeln. Auch die Würde der Anthroposophie bestünde demnach darin, dass jeder, der in ihrem Namen handelt, frei anerkennt, dass sie für ein würdevolles Handeln entbehrlich sein kann, dass er nicht ständig selber belehrt, sondern sich vom Leben belehren lässt. Die Würde der «Weisheit des Menschen» – so lautet ja eine Übersetzung des Wortes Anthroposophie – besteht darin, Wahrheit nicht als Besitz zu behandeln, sie liegt in der Beweglichkeit des Geistes und der Offenheit des Herzens.

Die Frage lautet also nicht: Wie werde ich würdig, das Ziel zu erreichen, das Rudolf Steiners Anthroposophie vor uns hinstellt? Sondern: Kann ich ein gelebtes Gleichnis des *Geistes* werden, *aus dem heraus* der Mensch Rudolf Steiner mit dem Begriff «Anthroposophie» dieses Ziel formulierte? Ich bin «am Ziel», wenn ich mich zum Weg mache. Richte ich mich in einem theoretischen Gebäude ein oder *werde ich zur Tür,* nicht nur für andere und für mich selbst, sondern auch für den Geist der Anthroposophie?

Man kann diese Überlegungen auch auf die Beziehung zwischen einem Buch und seinen Lesern übertragen. Indem der Leser etwas Fertiges in Händen hält, dessen Geist an ihn herantritt, ist der Geist des Autors, der dieses hervorgebracht hat, nicht mehr so mit dem Geschriebenen verbunden wie im Akt des Schreibens. Das vorliegende Buch ist nur ein Gleichnis dessen, was zu dem Thema Würde gesagt werden könnte. Es ist ein Auszug, ein Beispiel. Es schlug sich dasjenige nieder, was in mir lebte von der Zeit an, als ich die Anregung zu diesem Buch erhielt, bis zur Abgabe des Manuskriptes. In einem anderen Zusammenhang oder zu einer anderen Zeit würde ich es zwar nicht grundsätzlich, aber doch in Teilen anders formulieren. Ich hätte vielleicht andere Schwerpunkte gesetzt, einen anderen Ton angeschlagen und so weiter. Wenn dieses Buch eine Würde besitzt, dann die, dass es kritisiert, verändert, dass ihm etwas entgegengesetzt, hinzugefügt werden darf und muss. Aus sich heraus erwürdigt es jeden Leser, sozusagen «auf gleicher Augenhöhe» darauf zu reagieren.

Die allergeringste schöpferische Handlung ist vor Gott und vor der Menschheit so viel wert wie die allergrößte. Geistiges ereignet sich in dem Moment, da ein anderer *aus Liebe zu seinem eigenen Denken* mit fremden Gedanken umgeht und sie mit eigenen Erfahrungen belebt oder auch vergleicht. Gemeinschaft entsteht in dem Moment, da man in sich die Quelle spürt, aus der der andere schöpft. «Erfolg» hat man dann, wenn der persönliche Erfolg gleichgültig wird, wenn er aufgeht im «Erfolg» eines Gedankens, der an der Zeit war, gedacht zu werden, im Erfolg eines Werkes, an dem man *mit-schaffen* oder in sich *weiter-schaffen* kann. Die Würde eines zu Lebzeiten unbekannten Schriftstellers wie Franz Kafka offenbarte sich in dem, was im Verborgenen geschah – weniger im Nachruhm als im Offenbarwerden der universellen Bedeutung seines Werkes für zahlreiche, über die Erde verstreute Einzelne.

Bedroht ist die Menschheit nicht durch Lieblosigkeit untereinander, sondern durch die fehlende Liebe zu dem jeweils eigenen Potenzial, zum eigenen Denken, durch die allzu schwache Liebe zum Geist. Aufgrund der unreflektierten Verehrungsrituale, die wir anderen hochgestellten Autoritäten, all den vielen Päpsten auf dieser Welt zukommen lassen, kommen wir nicht zu uns selbst. Anstatt uns selbst zu erwürdigen, klammern wir uns an die Würde von Ämtern. Die Verständnis- und Lieblosigkeit – das Zerfallen in Gruppen, Parteien, Meinungen, Anhänger und Gegner – ist nur eine Folge davon, ist eben der Erfolg der einen über die anderen. Der Geist fragt: «Liebst du mich?» Der durchgeistigte Mensch fragt nicht: «Werde ich geliebt?», sondern: «Liebe ich?»

Man kennt es von sich selber, dass man aufgrund vieler Verpflichtungen oft keine Zeit hat für das, was man sich eigentlich vorgenommen hat, nämlich ein lebendiges, vielseitiges Leben zu führen. Dabei vergisst man oft, dass es um den Zusammenhang der Zusammenhänge, dass es im Leben immer um «alles» geht, dass beispielsweise Selbsterkenntnis- und Krankheitsprozesse eng miteinander verflochten sind und sich bedingen. Das Geistesleben oder die Kultur sind kein Luxus. Gerade hier gibt es die Gefahr des Entstehens von Routine. Man will es nicht, aber es passiert. Man ist in einen Rhythmus eingebunden, zum Beispiel als Lehrer, Pfarrer, Leiter von Ausbildungsstätten. Aber wäre es nicht ein Armutszeugnis, wäre es nicht entwürdigend, wenn man durch diesen ständigen sogenannten Alltag so viel versäumte, was einem doch wichtig ist? Wäre es nicht entwürdigend für den Alltag selbst, würde er bloß ein Sachzwang, ein Störfaktor sein? Was bedeutet das für ein freies Geistesleben zwischen den Menschen, wenn man, sobald es konkret wird, keine Zeit dafür hat? Es könnte nicht fließen, es würde vertrocknen. Es entstünde ja gar kein Leben. Geist will tätig sein, immer, überall, und in seiner Tätigkeit wird Kraft nicht weniger, sondern mehr. Es geht ihm immer um unsere Würde, in allem, was wir tun, er will uns «von dem Bösen erlösen», das nach einem Aphorismus Kafkas dasjenige ist, «was ablenkt». Der Geist will, dass wir alles würdig vollbringen, dass wir, so gut wir es in dem Augenblick eben können, jeden Lebensmoment gestalten, unbeirrbar.

Die Gefahr, dass die Würde eines freien Geisteslebens in Zukunft verstärkt in Frage gestellt, ja angegriffen wird, nimmt zu. Jetzt schon gibt es eine unheilvolle Entwicklung in Bezug auf das Verhältnis von *Geld und Zeit*. Gewappnet werden wir sein, wenn wir nicht aufhören, einander aus unserem Leben und von unseren Ideen zu erzählen, die Biografien und die Gedanken unserer Mitmenschen wahrzunehmen und vor allem: selber zu denken. Wir müssen uns die Zeit nicht nehmen, denn wir sind die Zeit. Wir sind Erwürdigte. *Wir.*

Der Autor

Andreas Laudert, 1969 in Bingen geboren und aufgewachsen in einem Dorf am Mittelrhein, studierte von 1996 bis 2000 «Szenisches Schreiben» an der Hochschule der Künste, Berlin, und arbeitete als Erzieher in verschiedenen pädagogischen Einrichtungen in Freiburg und Berlin. 1995 begegnete er in einem Berliner Waldorfkindergarten dem Werk Rudolf Steiners. Von 2001 bis 2004 studierte er am Priesterseminar der Christengemeinschaft in Hamburg. Heute lebt er als freier Schriftsteller in Berlin.

Veröffentlichungen

Theaterstücke (Auswahl): *Spalter* (UA Freie Kammerspiele Magdeburg 1999), *Die Dromedarpedale. Ein Traumspiel* (Theater Bielefeld 2000), *Wie der Peck ans Licht kam* (Projekt am Heilpädagogischen Therapeutikum in Berlin-Zehlendorf 2000), *Auf Erden* (Auftragsstück für die Berliner Schaubühne 2000), *Auf Schädelhöhen* (Hans Otto Theater Potsdam 2002), *Feeb* (Deutsches Theater Göttingen 2002), *Immer. Monolog für 2 Stimmen* (Landestheater Tübingen 2003). – Zurzeit Arbeit an einem Auftragsstück für die Sophiensäle Berlin (mit Alexis Bug, Uraufführung Dezember 2005).

Essays (Auswahl): *Ich und das Jahrhundert der Verwechslungen* (Die Drei, Januar 2000), *In der Freiheit geborgen. Ein biographischer Versuch* (Die Drei, Oktober 2001), *Größerwerdendes Nichtverstehen. Ein Porträt des Schriftstellers Botho Strauß* (Die Drei, Oktober 2002), *Wir sind die Aufgabe* (Die Drei, Oktober 2003), *Zur okkulten Dimension von Wortspielen. Text und Urtext – Der Schriftsteller Günter Eich* (Die Drei, März 2004), *Franz Kafka und die Anthroposophie: Spiegel oder Spannungsverhältnis?* (Die Drei, Oktober 2004), *In Zuständigkeit der Wahrheit. Zur Urteilsbildung über Anthroposophie* (Das Goetheanum 9, 2005), *Das paradoxe Gesetz* (Flensburger Hefte, Themenheft 87: *Individualität*, April 2005), *Auf der Schwelle zum anderen in mir selbst* (Das Goetheanum 23, 2005), *«Mein Kahn ist sehr brüchig» oder Warum kann Gott nicht lügen?* (Flensburger Hefte, Themenheft 88: *Lügen*, Sommer 2005), *Wie stellen wir uns heute zu Rudolf Steiner?* (Gegenwart 3, 2005), *Die Symbolik der Sonne im Werk Franz*

Kafkas (Jahrbuch der Sektion für Schöne Wissenschaften, Dornach 2005).

In den letzten Jahren erschienen der Roman *Die Unentschiedenen* (Merlin Verlag 2000) und *Gedichte* (Merlin Verlag 2003) sowie Kolumnen in der *Süddeutschen Zeitung* und der *Zeit*.

Die Gedanken dieses Buches werden in den genannten Aufsätzen vertieft.